MOUVEMENT OUVRIER INTERNATIONAL

E. BRAND & H. WALETSKY

LE COMMUNISME EN POLOGNE

TROIS ANS DE COMBATS A L'AVANT-GARDE

Préface d'Amédée DUNOIS

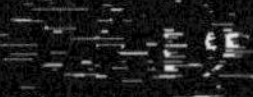

1922

LIBRAIRIE DE L'HUMANITÉ
142, RUE MONTMARTRE, 142 — PARIS

Le Communisme en Pologne

LE MOUVEMENT OUVRIER INTERNATIONAL

E. BRAND et H. WALETSKY

LE COMMUNISME EN POLOGNE

Trois Ans de Combats à l'Avant-Garde

Préface d'Amédée DUNOIS

1922
LIBRAIRIE DE L'HUMANITÉ
142, RUE MONTMARTRE, 142, PARIS

TABLE DES MATIERES

PRÉFACE

Le Parti Communiste polonais est né quelques semaines après l'armistice, devançant de quinze jours à peine dans l'existence le Parti Communiste allemand et de trois mois tout au plus l'Internationale Communiste. Il est sorti de la fusion du Parti social-démocrate polonais, auquel Rosa Luxembourg semblait avoir transmis le feu de son âme ardente, et de cette gauche du Parti polonais socialiste (du fameux « P. P. S. ») à laquelle la Révolution de 1905 et la guerre de 1914-1918 avaient appris que rien ne la séparait plus, en fait, des marxistes révolutionnaires qu'inspirait la grande Rosa.

Nos amis Brand et Waletsky retracent tout au long, dans les pages qui vont suivre, l'histoire accidentée de ce jeune Parti. Leur étude, dont l'exactitude minutieuse tient du procès-verbal, ne doit évidemment rien à la littérature : les révolutionnaires qui l'ont écrite sont, avant tout, des hommes d'action, ayant pris part à toutes les luttes qu'ils racontent, ayant connu la prison, connaissant aujourd'hui l'exil, impénétrables d'ailleurs au découragement et à l'amertume, des hommes que la mort seule pourrait dompter...

L'intérêt de leur œuvre pour nous, communistes de France? Mais d'abord, elle nous initie à ce que nous ignorons trop volontiers en France : à la situation, si différente de la nôtre, qui est faite à nos camarades de Pologne, aux brutales persécutions dont ils sont les victimes, à l'illégalité dans laquelle, perpétuels réfrac-

taires, ils sont contraints de vivre et d'agir, aux méthodes de travail et de combat qui résultent pour eux de la nécessité où ils se trouvent d'égarer la surveillance de la police.

Nous apprenons à leur école ce qu'il faut penser de cette République polonaise qui, sous la présidence d'un ancien conspirateur socialiste, Pilsudski, a été transformée par l'Entente en une sorte de marche politico-militaire, en une manière de citadelle avancée de l'impérialisme occidental. La République polonaise, indépendante de nom, est en fait asservie à des oligarchies capitalistes qui ne sont nullement polonaises, mais britanniques et françaises, et qui commandent, là-bas, comme elles commandent partout, à un gouvernement d'aventuriers heureux. Que le mineur de Dombrowa, le métallurgiste de Varsovie, le tisseur de Lodz soit exploité dans sa force de travail par les mêmes flibustiers capitalistes que le mineur, le métallurgiste, le tisseur français, cela ne peut que resserrer, il nous semble, le lien qui unit les prolétaires des deux pays; cela ne peut que les induire tous à envisager, de plus en plus, dans l'avenir, l'éventualité d'actions communes contre la tyrannie d'un même patronat.

Et qu'apprenons-nous encore de Brand et de Waletsky? Nous apprenons, hélas! à quel degré d'abjection peuvent tomber, dans le reniement, certains chefs socialistes d'avant-guerre. Le P. P. S. a derrière lui une tradition longue et glorieuse de combats contre le tsarisme. Mais ce n'était pas sans motif que Rosa Luxembourg avait jadis forgé pour lui l'épithète vengeresse de social-patriote. Après la révolution à demi manquée de 1905, le nationalisme polonais, au sein du P. P. S., prit définitivement le pas sur le socialisme, provoquant ainsi la scission du P. P. S. de gauche. Loin d'ouvrir les yeux aux opportunistes polonais, il semble que la guerre et la création d'une Pologne pseudo-

indépendante les ait complètement aveuglés. Ils sont devenus les suppôts de leur gouvernement et ont poussé le servilisme jusqu'à s'associer aux pires répressions contre les ouvriers, contre les paysans, contre le Parti Communiste, jusqu'à soutenir ouvertement l'opération de meurtre et de pillage impérialiste menée par le bandit Pilsudski contre la République des Soviets. Aujourd'hui encore, la fonction du P. P. S. est bien plus de combattre le communisme que la bourgeoisie : avec celle-ci, il n'aspire qu'à réaliser pacifiquement l'harmonie du Capital et du Travail; c'est lui qui, après s'être acharné contre les Conseils d'ouvriers, chasse des syndicats les ouvriers suspects de communisme. Après avoir été des socialistes de guerre, ses meneurs sont aujourd'hui et ils resteront jusqu'au bout des socialistes de contre-révolution.

Ils auront beau faire. Avec l'appui de l'Internationale, le Parti Communiste de Pologne, dont les deux seuls députés sont actuellement en prison, finira par arracher aux social-patriotes l'âme de ces masses ouvrières et paysannes qu'ils ont trop longtemps abusée. C'est sur cette affirmation d'espérance, sur cette prophétie de victoire, que Brand et Waletsky prennent congé du lecteur. En les aidant à révéler aux ouvriers français la vérité historique sur le misérable « socialisme » polonais, puissions-nous avancer, ne fût-ce que d'un jour, la réalisation de leur espérance, le terme de leur prophétie!

AMÉDÉE DUNOIS.

INTRODUCTION (1)

La fondation, en décembre **1918**, *du Parti Communiste de Pologne est l'aboutissement de l'histoire, longue de plusieurs dizaines d'années, du mouvement socialiste et ouvrier dans ce pays. La Pologne elle-même, telle qu'elle fut formée après l'armistice, provient de la réunion de ses trois parties qui avaient été incorporées dans les trois empires : russe, allemand et autrichien. La Pologne russe était de beaucoup la plus importante, tant au point de vue numérique qu'au point de vue social; elle était également la plus industrialisée; aussi ce fut elle qui devint le berceau du mouvement socialiste et c'est l'histoire du mouvement socialiste en Pologne russe qui détermina la physionomie du socialisme polonais dans son ensemble.*

Les premiers groupes socialistes apparurent dans les milieux ouvriers de la Pologne russe vers **1877**. *En* **1882**, *ils se constituèrent en un parti politique sous la dénomination de «Parti socialiste révolutionnaire,* **Le Prolétariat** », *de glorieuse mémoire. Après plusieurs années d'activité intense, parmi la classe ouvrière des principaux centres industriels, la plupart des membres dirigeants du parti furent arrêtés par la police tsariste et traduits devant un tribunal militaire. Quatre furent condamnés à mort et pendus (le* **28** *janvier* **1886**), *plusieurs dizaines d'autres envoyés aux travaux forcés,*

---

(1) Cette introduction a été spécialement écrite en vue de l'édition française du *Communisme en Pologne*.

une centaine déportés en Sibérie. L'organisation du parti en fut atteinte mortellement.

Le parti « Le Prolétariat » était allié au célèbre parti russe de la « Narodnaya Volya » (Volonté du Peuple); *il s'en distinguait cependant par plusieurs traits essentiels. En Russie, le prolétariat industriel moderne faisant encore défaut, la* Narodnaya Volya *était composée surtout d'intellectuels et, faute de mouvement de masse, choisit le terrorisme individuel, le duel héroïque avec le tsarisme comme arme principale. Le parti polonais du « Prolétariat » fut, dès le début, tant au point de vue théorique qu'à celui de son activité, un parti ouvrier, un parti de propagande révolutionnaire dans les masses et d'action de masses. Son fondateur et principal organisateur, Louis Warynski, mort en 1889 dans la forteresse de Schlusselbourg, était un marxiste convaincu. En face des traditions nationalistes polonaises, entourées de l'auréole de plusieurs insurrections, le parti du « Prolétariat » afficha un internationalisme absolu qui se traduisit par l'alliance la plus étroite avec la Révolution russe.*

Plusieurs années après la débâcle du « Prolétariat », une nouvelle génération de jeunes révolutionnaires fonda une vaste organisation sous le nom de « Ligue des ouvriers de Pologne ». Foncièrement marxiste, encline quelque peu à des exagérations « économiques », la Ligue prêcha surtout la lutte des masses pour la défense de leurs besoins immédiats, la formation des syndicats professionnels, et négligea, au début, la politique. C'est surtout grâce à la « Ligue » que le prolétariat polonais participa de façon brillante aux premières manifestations du 1er mai, en dépit de toutes les persécutions et interdictions de la part de l'administration tsariste.

La nécessité de donner au mouvement ouvrier un programme politique concret dans la lutte contre le tsarisme amena une scission dans le socialisme polonais qui détermina toute son évolution postérieure. Deux partis se formèrent : l'un, le « Parti socialiste polonais » (dit P. P. S.), qui s'assigna pour but politique la conquête d'une république polonaise indépendante; l'autre, la « Social-démocratie de Pologne et de Lithuanie » (dite S. D.), tendant à conquérir des libertés politiques sous forme de constitution démocratique dans le cadre de la Russie même. Rosa Luxembourg, alors toute jeune encore, déjà chef intellectuel de ce dernier groupe, flétrit ses adversaires du terme de « social-patriote », terme qui, surtout depuis la Grande Guerre, devint d'un usage courant contre les partisans de la défense nationale dans tous les pays.

La première révolution russe, celle de 1905, *amena des changements profonds dans le socialisme polonais. Le prolétariat de Pologne prit une part des plus actives au mouvement révolutionnaire général. La Pologne était la région la plus industrialisée de l'ancien empire russe; au signal des événements de janvier, à Saint-Pétersbourg, la classe ouvrière de Pologne à Varsovie, à Lodz, dans le bassin minier, se leva comme un seul homme; la grève fut absolument générale. Le parti S. D., qui avait fait de l'unité du prolétariat dans toute la Russie, indépendamment des différences linguistiques ou nationales, la base de son programme et de sa tactique, se jeta corps et âme dans le mouvement. Il en fut de même du Parti Socialiste Polonais, qui, en dépit des tendances séparatistes de la majorité de ses anciens chefs, était dans sa masse profondément prolétarien et entendait revendiquer sa place sur le champ de bataille. Cela amena une crise grave dans le sein de ce parti et conduisit finalement, en novembre* 1906, *à la scission. La majorité révolutionnaire et internationaliste se constitua en parti sous la dénomination courante de « Gauche du P. P. S. »; la mino-*

rité séparatiste et nationaliste, dirigée par Pilsudski, s'en sépara pour continuer son existence comme « Droite du P. P. S. ».

Depuis, un rapprochement graduel s'opéra entre le parti S. D. et la Gauche, tandis que la Droite évoluait vers un nationalisme extrémiste et vers les promiscuités les plus douteuses.

La guerre accéléra ce processus. Le parti S. D., ainsi que la Gauche, prirent dès le début une attitude nettement hostile à la guerre. Leurs délégués participèrent aux conférences de Zimmerwald et de Kienthal. Leurs militants se rencontraient dans les prisons tsaristes jusqu'à l'évacuation de la Pologne par les armées russes et ensuite dans les camps de concentration sous l'occupation allemande — toujours pour le même crime : lutte contre la guerre. La révolution d'octobre en Russie confondit les deux partis dans la solidarité active avec le premier gouvernement prolétarien du monde. Et lorsque, en novembre 1918, après l'écroulement des puissances centrales, la république polonaise se constitua en Etat, les deux partis révolutionnaires fusionnèrent pour former le Parti Communiste Ouvrier *de Pologne.*

Le Parti Socialiste, qui sortit de la Droite du P. P. S. après la scission de fin 1906, révéla, à la faveur de la guerre, son caractère nationaliste et opportuniste dans toute sa nudité. Son ancien chef, Joseph Pilsudski, organisa les légions polonaises sous les auspices de l'Autriche et de l'Allemagne ; le parti le suivit. Au rôle de ce parti dans la Pologne d'après-guerre est consacré tout un chapitre de la présente brochure.

Quelques mots encore sur l'évolution du socialisme dans les deux autres parties de la Pologne : en Galicie (Pologne autrichienne) et dans la Pologne prussienne. Le parti socialiste de Galicie, pays peu industriel, constituait, sous la direction de Daszynski, l'aile droite du vieux parti social-démocrate d'Autriche et soutenait la tendance de Pilsudski. Il en fut de même du parti socialiste dans les provinces polonaises de Prusse. Mais depuis la constitution du Parti Communiste, qui, d'abord, avait sa base surtout dans l'ancienne Pologne russe, le communisme, le socialisme révolutionnaire et internationaliste, pénétra également dans les autres provinces et fit des brèches importantes dans les citadelles du social-patriotisme polonais de la Galicie et de la Posnanie. Il prit également sérieusement pied en Haute-Silésie et dans la Silésie de Teschen.

H. W.

Le Communisme en Pologne

I

LA FONDATION DU PARTI

Le *Parti Communiste Ouvrier de Pologne* fut fondé le 16 décembre 1918, à la suite d'une fusion, sur la base paritaire, de deux vieilles organisations révolutionnaires : la « Socialdémocratie du Royaume de Pologne et de la Lithuanie » (S. D.) et la « Gauche » du « Parti Socialiste Polonais » (P. P. S.), ces deux organisations ayant mené la bataille presque exclusivement sur le territoire du « Royaume du Congrès » (1). Le processus de rapprochement entre les deux partis ci-dessus, qui avait déjà commencé avant la guerre et s'était poursuivi pendant les années de guerre, reçut une forte impulsion grâce à l'influence morale de la Révolution de Novembre en Russie et, après l'explosion de la Révolution allemande qui avait placé le prolétariat polonais devant des problèmes nouveaux et brûlants, il provoqua la fusion des deux organisations et la fondation du Parti Communiste.

(1) Nom donné à la partie du pays qui avait été rattachée à l'Empire Russe, à la suite du Congrès de Vienne de 1815. (N. d. Tr.)

Le projet de *plate-forme politique* du nouveau parti, qui devait remplacer les anciens programmes, avait été soumis, avant la convocation du congrès qui eut lieu à Varsovie, aux camarades Rosa Luxembourg et Léo Ioguichès (Tyszko) : ils l'approuvèrent sans réserves. Karl Liebknecht transmit, par une lettre adressée au Congrès, le salut du « Spartacus » qui devait, à son tour, quinze jours plus tard, se constituer en Parti Communiste d'Allemagne.

La « plate-forme politique » du Parti se compose de trois parties. La première présente les facteurs de la révolution mondiale; sa marche, jusqu'à ce jour, les mots d'ordre et les formes de la bataille pour la dictature du prolétariat. La deuxième partie analyse la débâcle et la décomposition de la IIe Internationale. La troisième partie formule les tâches particulières d'un Parti Communiste en Pologne.

Nous donnons ci-dessous quelques extraits importants de ce document :

I.— ...Avant la guerre mondiale, la politique d'expansion impérialiste qui avait provoqué des conflits internationaux dans les Balkans, en Asie et en Afrique, la croissance démesurée des armements, l'aggravation des charges fiscales et de la cherté de la vie, l'attitude aggressive du capital trusté à l'égard de la classe ouvrière, la montée de la réaction intérieure dans tous les pays capitalisés, avait déjà provoqué une opposition de plus en plus exaspérée des intérêts de classe, une action de plus en plus violente et révolutionnaire des masses prolétariennes.

L'explosion de la guerre *interrompit d'abord* le développement du processus révolutionnaire; mais la guerre elle-même, grâce à sa durée et à ses conséquences, *multiplia et rendit plus actifs* les facteurs qui poussent à *une liquidation révolutionnaire du capitalisme*. En effet, d'un côté, la concentration du capital entre les mains des parasites, la prolétarisation des larges masses et le passage des existences innombrables des couches sociales moyennes dans les rangs du prolétariat, firent des progrès immenses; d'autre part, dix millions d'hommes furent tués ou mutilés, des biens matériels innombrables et le travail de générations entières anéantis, les forces de production au service de la guerre tendues à l'extrême, la cherté de la vie et la famine atteignirent des proportions inouïes, tous les pays s'endettèrent d'une façon effrayante, les conflits nationaux se multiplièrent et s'exaspérèrent.

...Les tentatives faites en vue de reconstruire l'économie capitaliste sur la base créée par la guerre, en présence de la désorganisation générale des moyens de travail, de la cherté croissante et dans l'atmosphère d'une révolution européenne qui se développe, ne peuvent conduire qu'à une *catastrophe complète du système capitaliste;* elles ne peuvent que rendre évidente l'incapacité totale des classes possédantes de diriger le destin des hommes.

La « plate-forme politique » montre ensuite le rôle joué par la Russie des Soviets, analyse le sens de la révolution en Allemagne et en Autriche et indique l'évolution inévitable des pays vainqueurs et neutres. Nous y lisons :

La guerre mondiale conduit à la révolution mondiale. La guerre entre deux capitalismes finit par une guerre entre le capitalisme et la révolution; chaque rencontre entre ces deux forces ennemies prend un caractère international, devient une étape dans la bataille générale entre le monde ancien et le nouveau. Les liens qui unissent les sections particulières du prolétariat révolutionnaire dans différents pays deviennent de plus en plus étroits...

II. — La *IIe Internationale*, fondée en 1889 au Congrès de Paris, cessa d'exister, aussi bien en fait que moralement, au début de la guerre. Aussi bien par son caractère que par sa structure, elle était adaptée au *développement relativement pacifique* du capitalisme dans les premières dizaines d'années de son existence à elle, dans les années qui étaient caractérisées par un développement colonial des richesses, par une augmentation relative de l'aisance de la partie organisée de la classe ouvrière et par l'accroissement continuel de la force numérique des partis et des syndicats. Dans le domaine politique, les partis s'adaptèrent *uniquement* à une lutte *parlementaire* pour les réformes, dans le domaine économique — à un combat pour *la participation aux progrès du capital national*. L'Internationale constituait une union relâchée de partis nationaux dont chacun s'incrustait de plus en plus dans la politique et dans l'économie de sa patrie capitaliste et impérialiste. Déjà, avant la guerre, lorsque les conditions du développement capitaliste créaient une situation révolutionnaire et mettaient les masses en mouvement, les partis et les syndicats se mirent en travers du mouvement, l'arrêtèrent et le firent changer de cours.

L'explosion de la guerre rendit clair le fait qu'une majorité énorme dans les partis de la IIe Internationale était mûre pour une trahison résolue des principes du socialisme, de l'internationalisme et de la lutte de classe, mûre pour la solidarité avec leurs propres bourgeoisies et gouvernements, mûre pour une participation directe à la guerre sous le mot d'ordre hypocrite de défense nationale.

Il n'y eut que peu de pays où la majorité du parti s'opposât aussitôt et sans réserve à l'idéologie de guerre; dans d'autres pays, des groupements se formèrent peu à peu qui combattirent les majorités social-patriotes. Les conférences de Zimmerwald et de Kienthal représentent les premiers essais tendant à réunir ces éléments. Toutefois, tandis que l'opposition de la plupart d'entre eux ne dépassa jamais le cadre de la lutte pour la paix dans les limites de l'ordre capitaliste, les éléments révolutionnaires commencèrent à prendre conscience que la guerre créait la nécessité d'un *combat direct pour le socialisme*, seule issue de l'époque des catastrophes impérialistes. Le cours ultérieur de la guerre et le développement de la révolution russe firent pénétrer cette conscience dans les larges masses et posèrent devant elles, à titre de problème immédiat, la question de *la réalisation d'une révolution sociale* par *la conquête du pouvoir, par la dictature du prolétariat.*

C'est ainsi que naquit l'Internationale Communiste qui étend actuellement son action dans tous les pays, — l'Internationale de la Révolution sociale. Tout en combattant les mots d'ordre incertains lancés par les éléments centristes hésitants, elle tend à réunir sous ses drapeaux, dans chaque pays, *la grosse majorité de la classe ouvrière* pour réaliser le socialisme à l'aide d'une dictature prolétarienne. La coordination des efforts de cette Internationale, leur soudure dans le feu de la bataille, telles sont les problèmes les plus graves de l'heure.

La troisième partie du programme détermine surtout, et d'une façon remarquable, la position du parti en face des problèmes *nationaux :*

III. ...A l'époque d'une révolution sociale internationale qui détruit les fondements du capitalisme, le prolétariat polonais repousse tous les mots d'ordre, tel qu'autonomie, indépendance politique, droit de disposer de son sort, qui sont liés avec le développement des formes politiques du monde capitaliste. En luttant pour la dictature, en voulant opposer, dans la bataille, à tous ses ennemis, sa propre force révolutionnaire armée, le prolétariat combattra toutes les tentatives de créer une armée polonaise bourgeoise et contre-révolutionnaire et s'opposera à toute guerre pour les frontières nationales. Pour le camp international de la révolution sociale, aucune question de frontière n'existe; son terrain est déterminé par la communauté d'intérêts de la classe ouvrière internationale, qui exclut toute oppression nationale et enlève tout prétexte aux conflits nationaux ou linguistiques, aussi bien dans les limites des frontières existantes que par rapport aux minorités nationales dispersées.

C'est sur cette plate-forme et avec un bref programme d'action, s'appuyant sur une génération de travailleurs éprouvés dans la lutte révolutionnaire, et animé de sa foi dans la défaite prochaine de la bourgeoisie et de ses valets social-patriotes et dans l'avènement en Pologne d'une République des Conseils, que le Parti Communiste Ouvrier entra dans la bataille.

II

LES PREMIERS COMBATS

Lorsque, en novembre 1918, après l'écroulement de la puissance militaire de l'Allemagne et de l'Autriche et après l'explosion de la révolution allemande, les autorités et les troupes d'occupation eurent abandonné, en fuyant et en se laissant désarmer en route par des gamins, les territoires polonais, dans le vide ainsi créé naquit la République Polonaise unifiée.

Afin de comprendre les événements politiques qui se sont produits dans cet Etat nouveau, il est indispensable d'exposer brièvement la composition sociale de la population polonaise. La « Pologne du Congrès » qui constituait une des provinces les plus industrielles de la Russie des Tsars, devint le noyau principal du nouvel Etat. La *classe ouvrière* qui y avait joué un rôle prépondérant au point de vue politique et social a perdu presque entièrement son importance pendant les années de guerre et d'occupation. Décimé par les mobilisations successives russes, entraîné par centaines de mille à l'intérieur de la Russie à la suite de la retraite des armées du tsar, déporté en masse en Allemagne par les autorités d'occupation, dispersé à travers le pays à la suite de la destruction des principaux centres de travail, le prolétariat polonais n'était plus, vers la fin de 1918, qu'une faible fraction de ce qu'il avait été en 1914. Seuls, les charbonnages du bassin de Dombrowa étaient en pleine marche et occupaient même plus d'ouvriers qu'avant la guerre; par contre, les industries textile et métallurgique avaient presque cessé d'exister. Le nombre des sans-travail était de plusieurs centaines de milliers. La puissance sociale, et par conséquent politique, de la classe ouvrière avait diminué à vue d'œil. La *bourgeoisie* qui, jadis, en tant qu'organisatrice du commerce et de l'industrie, avait joué un grand rôle dans la vie politique du pays, tomba, à la suite de la ruine industrielle et de la séparation d'avec le grand débouché russe, au niveau d'une classe parasitaire de mercantis. Les deux classes agrariennes : les *hobereaux* et les *paysans* avaient réalisé les plus grands profits, au point de vue économique, pendant les années de guerre; malgré la baisse relative de la production agraire, elles s'étaient enrichies relativement et même absolument, ayant réussi à se débarrasser de leurs dettes hypothécaires, mais elles ne jouaient aucun rôle sérieux dans la vie politique du pays. Le courant démocratique qui, à la suite de la conjoncture révolutionnaire mondiale, avait aussi pénétré en Pologne, obligea la bourgeoisie urbaine et paysanne à rester provisoirement dans l'ombre.

Ce sont les *petits-bourgeois* et les *intellectuels* qui se poussèrent vers les premiers rangs de la vie politique dans l'Etat naissant; ils y furent attirés par l'appât des centaines de milliers de grandes, moyennes et petites places de fonctionnaires. A la tête de l'Etat se plaça le héros de ces deux couches sociales, ancien socialiste et terroriste sous le régime du tsar, créateur des légions polonaises au service de Sa Majesté Impériale et Royale austro-hongroise au début de la guerre, et prisonnier à Magdebourg à la fin de celle-ci, *Joseph Pilsudski.*

La force armée dont il disposait était composée d'organisations volontaires de diverses origines politiques, mais presque exclusivement petites-bourgeoises, et comptait environ 40.000 hommes. Tenant compte de l'esprit de l'époque, Pilsudski chargea le « socialiste » Moraczewski de former un gouvernement; celui-ci distribua les portefeuilles parmi les membres du parti et à quelques chefs petits-paysans. La bourgeoisie fut d'abord obligée de souffrir ce « gouvernement des ouvriers et des paysans », voyant en lui une digue nécessaire contre le péril d'un gouvernement ouvrier vraiment révolutionnaire, et affaiblie qu'elle était par sa division en deux camps : ententiste et « activiste » (ce dernier partisan des Empires centraux, tout particulièrement puissant en Galicie). Le camp ententiste, représenté par le parti national-démocrate, avec Dmowski à sa tête, s'organisa toutefois rapidement et utilisa l'appui que lui prêtait l'Entente pour exercer une pression sur Pilsudski.

Il n'y eut en Pologne, à la fin de 1918, *aucune* révolution. Mais, à l'Est, s'étendait la grande Russie bolchéviste, séparée provisoirement de la Pologne par les troupes allemandes qui occupaient la Lituanie et la Russie blanche; à l'ouest, en Allemagne, la révolution grondait. *Une forte fermentation se faisait sentir* dans la classe ouvrière. Les masses se saisirent du mot d'ordre lancé par les communistes en vue de la création des *Conseils d'ouvriers;* les essais des social-patriotes, tendant à entraver et à fractionner le mouvement par l'élection de Conseils d'ouvriers composés uniquement de membres du P. P. S., échouèrent. Au début de 1919, des Conseils d'ouvriers uniformes fonctionnaient déjà dans toutes les villes et dans tous les districts ruraux importants; ils sont devenus par la suite le champ clos des luttes entre les communistes et les social-patriotes.

Le programme d'action de Pilsudski et de son truchement, le gouvernement Moraczewski, fut simple : créer une forte armée nationale, convoquer immédiatement une assemblée nationale élue d'une façon démocratique; en politique intérieure : pacifier les ouvriers; en politique extérieure : alliance avec l'Entente qui se méfiait au début de l'ancien mercenaire des Puissances centrales, Pilsudski; ensuite : délimiter et assurer la sécurité des frontières du nouvel Etat, en s'appuyant sur la faveur de l'Entente et sur sa propre force armée, même au moyen d'une guerre contre tous ses voisins, la Pologne « ayant absolument besoin » d'englober Lemberg (Lwow) et Dantzig (Gdansk), Wilna et Posen (Poznan), Minsk et Teschen (Cieszyn), la Mazurie et la Haute-Silésie.

Le programme fut réalisé avec une exactitude digne d'admiration. La pacification des ouvriers à coups de fusil tirés contre les manifestants dans les rues, à coups de mitrailleuses tirés contre les ouvriers agricoles en grève, par des expéditions coercitives, par la proclamation de l'état de siège et par l'application des dispositions du code criminel du tsar aux « criminels » politiques, et surtout en intoxiquant les masses par le poison nationaliste, fut poursuivie avec méthode. L'aide de l'Entente, nécessaire aussi bien pour atteindre les buts impérialistes que pour équiper l'armée et pour apaiser la classe ouvrière affamée avec le lard et la farine américains, ne pouvait être obtenue qu'au prix d'un compromis avec la bourgeoisie. C'est pour cette raison que Pilsudski ordonna, dans la seconde moitié de janvier 1919, au « socialiste » Moraczewski de remettre le pouvoir au nationaliste *Paderewski*, valet de l'Entente. Dans la première huitaine de février, eurent lieu les élections à l'Assemblée Constituante, qui donnèrent comme résultat un corps nationaliste et contre-révolutionnaire sans aucune majorité politique déterminée, mais, armé d'une forte volonté d'union sacrée. En même temps, en plein accord avec l'Entente, sans aucune déclaration de guerre préalable, Pilsudski entreprit des opérations militaires contre la Russie des Soviets et fit lever plusieurs classes de recrues.

Le Parti Communiste, fondé en mi-décembre, concentra ses efforts sur les Conseils d'ouvriers, sur la lutte à l'intérieur des Conseils et pour les Conseils. Les élections pour les conseils ouvriers généraux qui avaient eu lieu à la fin du mois de décembre et au début de janvier prouvèrent que les grandes masses ouvrières suivaient le Parti Communiste. A Varsovie, les communistes obtinrent 297 mandats contre 303 au P. P. S. ; à Lods et à Lublin-Ville, les proportions étaient les mêmes; mais, dans le bassin de Dombrowa et dans la région de Lublin, les élections donnèrent une majorité de deux tiers aux communistes. A côté d'une lutte de principe pour la Révolution, pour la dictature du prolétariat, pour le pouvoir des Conseils, les communistes menèrent à l'intérieur des conseils un combat ardent pour l'armement du prolétariat et le désarmement de la bourgeoisie. On n'a pu arriver, en partie, à un véritable armement des ouvriers que dans le bassin de Dombrowa, où les communistes avaient organisé une garde rouge qui, cependant, après une série de rencontres avec les troupes régulières de Pilsudski, fut dissoute dans le courant de janvier.

Aux efforts du P. P. S., qui demandait sans cesse aux Conseils ouvriers de voter des vœux platoniques pour « le gouvernement des ouvriers et des paysans » de Moraczewski et qui proclamait, à cor et à cri, le danger des droites, les communistes opposèrent le mot d'ordre de la lutte armée ouverte contre le seul péril de droite, c'est-à-dire contre la bourgeoisie, et ils soulignèrent en même temps le fait que Pilsudski, s'appuyant sur une garde de volontaires bourgeois, armait la bourgeoisie avec une hâte fébrile et étouffait avec violence toute velléité de relèvement de la classe ouvrière.

Chaque jour de l'existence du gouvernement Moraczewski augmentait, par la force des choses, l'hostilité des communistes à son égard, son caractère contre-révolutionnaire se dévoilant chaque jour avec plus d'évidence. Fin décembre, une mission de la Croix-Rouge russe arriva à Varsovie, avec l'autorisation du gouvernement polonais. Effrayé par les cris de la bourgeoisie, Moraczewski la laissa emprisonner. Les ouvriers de Varsovie ayant protesté avec force contre cette arrestation furent fusillés dans la rue par douzaines par les troupes de Pilsudski. Quelques jours plus tard, le gouvernement « socialiste » ayant livré les membres de la mission à la gendarmerie, « pour les reconduire aux frontières de la Russie », ils furent assassinés bestialement sur l'ordre du chef des gendarmes.

En ce qui concerne les actions de plus grande envergure, les communistes organisèrent des manifestations publiques grandioses de sans-travail, des grèves d'ouvriers agricoles dans le pays entier et l'occupation des domaines abandonnés par leurs propriétaires; ils dirigèrent aussi des combats et des mouvements de grève importants dans le bassin minier. Un des mots d'ordre principaux fut la lutte contre la terreur blanche qui avait déjà commencé au mois de décembre par l'emprisonnement de communistes, par les fusillades dirigées contre les manifestants sur la voie publique, par l'étouffement des grèves et qui devenait de plus en plus sauvage après la capitulation honteuse du P. P. S. devant Paderewski et après la proclamation de l'état de siège.

Le Parti qui n'avait jamais été entièrement légal, mais qui cependant, au début, avait pu agir ouvertement, fut complètement privé de sa presse; ses locaux de rédaction et ses clubs ouvriers furent saccagés, des centaines et des centaines de communistes prirent le chemin des prisons construites par les tortionnaires tsaristes, utilisées avec ferveur par les occupants et héritées par les autorités républicaines polonaises. Les tentatives faites pour briser la terreur blanche gouvernementale par des manifestations de masse, par des grèves de protestation, etc., étaient, pour la plupart, rendues vaines par le P. P. S. qui avait pris l'habitude de diriger les ouvriers vers la voie des plaintes légales et d'offrir son intervention auprès des « autorités compétentes ».

Le Parti décida de boycotter les élections à l'Assemblée Constituante. La résolution concernant le boycottage avait été prise, pour ainsi dire, automatiquement par le Comité Central du Parti, la majorité du Comité Central ayant considéré cette mesure comme l'unique tactique possible dans les conditions données et la minorité s'étant placée au point de vue d'un boycottage soi-disant de principe. Cette décision était due, sans aucun doute, à une appréciation révolutionnaire optimiste aussi bien de la situation générale de l'Europe que de la Pologne, et à la croyance dans l'explosion imminente d'une révolte armée qui devait, en quelques mois ou même en quelques semaines, chasser le Parlement et instituer la dictature des conseils. Mais ce qui avait surtout déterminé le Parti à ne pas participer aux élections à l'Assemblée Constituante, ce fût la certitude que, à cette époque, il importait avant tout d'opposer, avec énergie et résolution, l'idée de la dictature à celle de la démocratie, et les conseils ouvriers au Parlement; il semblait donc que ce serait risquer de rester incompris par les larges masses que de lutter au sein des conseils et pour les conseils et d'aller en même temps au Parlement. D'ailleurs, le parti ne réussit pas à développer une action énergique pour le boycott, à éloigner les grandes masses des urnes et à les arracher, dans le courant des luttes électorales, à l'influence des partis social-patriotes et bourgeois.

A ce moment, le problème de la prise immédiate du pouvoir par le prolétariat polonais était dur à résoudre. Noske triomphait en Allemagne. Une intervention armée de l'Entente contre la Russie des Soviets était en train. Le gouvernement de Pilsudski et de Paderewski, qui jouissait encore du soutien de toute la classe bourgeoise plongée dans une ivresse patriotique, était en mesure de fournir aux ouvriers et aux populations indigentes ce que la dictature ne pouvait pas leur promettre : le secours matériel de la puissante Entente, c'est-à-dire la farine, le lard, les chaussures, les matières premières pour l'industrie, l'équipement pour l'armée dans laquelle des milliers de sans-travail trouvaient un refuge. Les masses ouvrières affamées et désorganisées haïssaient les capitalistes, mais elles espéraient que leurs besoins immédiats seraient satisfaits par le riche capital de l'Entente. Elles nourrissaient la sympathie la plus vive pour la Russie des

Soviets, mais elles n'osaient pas s'engager sur son calvaire, le calvaire de la lutte révolutionnaire contre le monde capitaliste tout entier.

En février 1919 commença *une guerre avec la Russie.* Le Parti prit immédiatement position pour la Russie des Soviets et contre la guerre. Dans la réunion plénière du Conseil Ouvrier de Varsovie, convoquée, à la fin du mois de février, pour discuter la question de la guerre, les orateurs du Parti proposèrent de voter un appel à la classe ouvrière polonaise pour qu'elle fît cause commune avec l'armée rouge et tournât ses armes contre les classes dirigeantes de la Pologne. Le Comité du Parti traita, dans une résolution sur la tactique générale, les questions ayant trait à la guerre et à son développement ultérieur. Nous y lisons :

> La classe ouvrière polonaise voit dans la Russie des Soviets son alliée et ne veut pas de guerre contre elle, mais, au contraire, une union étroite avec elle.
>
> Le Comité du Parti constate que la victoire décisive de la Révolution Sociale dans le monde capitaliste sera obtenue d'autant plus rapidement que l'attaque révolutionnaire de la classe ouvrière dans chaque pays sera plus brillante et qu'elle sera plus capable de remporter la victoire sur sa propre bourgeoisie. En même temps, le Comité affirme de la façon la plus explicite que *c'est un devoir et un droit de la classe ouvrière dans chaque pays d'apporter une aide active aux ouvriers des autres pays dans leur lutte révolutionnaire,* et tout particulièrement en ce qui concerne l'action internationale des gouvernements et de la bourgeoisie du monde entier, qui unissent leurs forces pour la lutte contre la Révolution internationale. Si la Révolution polonaise qui s'approche avait besoin de secours de la part du prolétariat russe, ce secours ne saurait être considéré comme une invasion ou bien comme l'expression de tendances impérialistes, incompatibles avec le principe même du gouvernement socialiste; ce secours n'aurait non plus rien de commun avec un esprit de conquête et avec les mots d'ordre de guerre nationale; ce ne serait qu'une mise en action des principes de la solidarité internationale du prolétariat révolutionnaire.

Le P.P.S. se plaça au point de vue de la défense

de la patrie contre « l'impérialisme rouge » (ce fut, d'ailleurs, un de ses mots d'ordre principaux dans la lutte électorale), et c'est alors, pour la première fois, que, dans une réunion ouvrière, ses chefs déclarèrent que les persécutions des communistes étaient justifiées, car ils étaient coupables de haute trahison et de crimes contre l'Etat. Mais c'est aussi pour la première fois que, dans cette séance des conseils, se révéla une opposition au sein du P. P. S., opposition qui se détacha du parti et se rapprocha des communistes.

La victoire de la dictature prolétarienne en Hongrie donna l'occasion au Parti Communiste de manifester sa solidarité par toute une série d'actions.

Cependant, le développement de la guerre russo-polonaise amena une recrudescence de répression à l'égard du mouvement communiste, et le gouvernement décida de porter un coup mortel aux conseils ouvriers qui étaient une tribune du haut de laquelle les communistes illégaux pouvaient faire la propagande de leurs idées et batailler ouvertement. A cette fin, il eut recours à son fidèle allié, le Parti Socialiste Polonais, qui, sous la poussée des masses, s'était décidé, à la fin de 1918, à participer aux Conseils ouvriers, mais qui, en ce moment, en avait assez d'un jeu qui ne lui avait apporté que des coups de la part des communistes. Une attaque convergente du gouvernement et du P. P. S. se déclencha contre les conseils ouvriers. A l'occasion du congrès des conseils en préparation, congrès auquel le P. P. S. était menacé d'être mis en minorité, le P. P. S. proposa à titre d'ultimatum de transformer les Conseils Ouvriers proprement dits en « fédérations » des groupes des partis pour éviter ainsi toute suprématie de la majorité. Comme il fallait s'y attendre, la majorité du Conseil Ouvrier de Varsovie repoussa cette proposition et le P. P. S. sortit du Conseil. A cette occasion, le groupement de gauche du P. P. S.

dont il a été question plus haut, se sépara définitivement du P. P. S., se constitua d'abord en groupement « d'opposition du P. P. S. » et resta au Conseil. La fraction communiste du Conseil Ouvrier, à laquelle s'étaient joints quelques groupes de moindre importance qui, d'abord, avaient gardé « la neutralité » entre les communistes et le P. P. S., tel le « Bund » israélite, tint encore quelques séances clandestines (les séances ouvertes ayant été évidemment rendues impossibles par la police) et arrêta ensuite son action en juin 1919. La mort des Conseils Ouvriers fut la conséquence du reflux de la vague révolutionnaire dans le monde du travail. Certes, les Conseils Ouvriers n'étaient pas le résultat d'une révolution, mais ils étaient quand même, dans les premiers mois de leur existence, soutenus par un grand mouvement des masses. Au mois de juin, ce mouvement était presque complètement arrêté et les conseils ouvriers devaient mourir. Le plus longtemps, le Conseil des Ouvriers tint dans le bassin de Dombrowa, où les mineurs n'avaient pas été dispersés pendant la guerre et où le prolétariat, grâce à cette circonstance, était resté le plus fort et le plus révolutionnaire. C'est seulement le 20 juillet, à la suite de son manifeste contre la guerre avec les Soviets, que le Conseil Ouvrier fut entouré de troupes et arrêté au complet, et tous les conseillers communistes restèrent emprisonnés de trois à douze mois. Une tentative de provoquer une action de masse pour défendre le Conseil fut rendue vaine par le Parti Socialiste Polonais.

III

LES FORMES DU MOUVEMENT

Le Parti Communiste polonais n'a jamais joui d'une existence légale. Le jour même de la fondation de l'Etat polonais, les bandes de gendarmes et les volontaires bourgeois ont démoli les locaux de rédaction de la *Tribune*, social-démocrate, et ont arrêté tous les communistes qui s'y trouvaient. Juste le premier jour de l'Indépendance, on a tiré sur une manifestation ouvrière.

Cependant, les conditions dans lesquelles se poursuivait l'action communiste changeaient considérablement au cours des événements : le Parti, après avoir joui d'une demi-légalité pendant l'hiver de 1918-1919, finit par subir la terreur blanche la plus violente en été 1920. Force fut ainsi aux communistes de changer aussi les formes de leur action. Elle commença par une agitation large et ouverte dans les masses; plus la vague révolutionnaire refluait, plus la violence gouvernementale devenait forte et plus le Parti se cantonnait profondément dans l'illégalité. Mais, de ces profondeurs mêmes, le Parti remontait, coup sur coup, à la surface de la vie politique, grâce aux syndicats, aux coopératives, aux sociétés éducatives, par sa presse, par l'organisation et la direction des actions de masse du prolétariat. Le Parti ne cessa pas un seul instant d'être un facteur de la vie politique, un sujet de souci pour la politique gouvernementale. *Les communistes ne se sont jamais laissé descendre jusqu'au niveau d'une secte de conspirateurs, ni séparer de la vie des masses ouvrières.*

L'hiver 1918-1919 était une période de liberté relative pour le mouvement communiste. Le pouvoir était encore faible; le gouvernement Moraczewski, qui désirait passer pour un gouvernement ouvrier, ne pouvait pas prendre envers les communistes une attitude nettement hostile. Certes, les communistes étaient arrêtés par les gendarmes et par les volontaires, souvent on les assassinait ; mais les bandes blanches agissaient pour leur propre compte, en imposant leur volonté au gouvernement : les persécutions n'avaient pas encore un caractère systématique.

Les communistes possédaient encore leur presse légale : un quotidien à Varsovie, *Sztandar Socjalizmu* (*Le Drapeau du Socialisme*), portant en sous-titre : « Organe du Parti Communiste Polonais » (P. P. K.), un hebdomadaire, *Komunista* (*Le Communiste*), dans le bassin minier, et quelques feuilles non périodiques en province; ils disposaient aussi de quelques locaux et de quelques clubs de parti. Dans le bassin minier, la majorité du Conseil des Ouvriers étant communiste, ce Conseil dictait sa volonté aux industriels et traitait avec le gouvernement sur le pied d'égalité.

Cette période prit bientôt fin. A la fin du mois de janvier, Moraczewski capitula sans combat devant la bourgeoisie, et le premier acte du nouveau gouvernement Paderewski consista à supprimer l'organe communiste, à démolir les locaux communistes et à arrêter en masse les communistes à Varsovie et à Lodz. Cependant, plusieurs mois se passèrent encore avant que le gouvernement ne se décidât à entreprendre une lutte implacable contre toutes les formes de la propagande communiste. En février et mars 1919, paraît encore à Varsovie une feuille hebdomadaire, *Pzelom*, qui ne se proclamait pas organe officiel du Parti, mais qui portait cependant comme sous-titre : « Hebdomadaire Communiste ». Elle fut supprimée au bout de quelques semaines; mais, bientôt après, commença à paraître à Varsovie un quotidien qui avait un caractère communiste très prononcé. Ce dernier ne fut supprimé que fin juin, et depuis ce moment, la pensée communiste n'a pu, pendant de longs mois, trouver aucun moyen de s'exprimer légalement, sauf dans deux petites feuilles (l'une polonaise et l'autre juive) publiées par les syndicats révolutionnaires.

Dans la première moitié de 1919, les communistes avaient encore la possibilité de faire une large propagande orale. De grandes réunions avaient lieu dans les usines et dans les locaux syndicaux; de grands meetings de sans-travail se tenaient en plein air; les communistes agissaient ouvertement dans les conseils ouvriers. Le 1er mai 1919 fut une revue des forces communistes. Plus de 50.000 prolétaires manifestèrent sous les drapeaux communistes; la manifestation organisée par le P. P. S. ne réussit qu'à réunir la moitié de ce nombre. Mais, depuis ce 1er mai, une attaque convergente contre le Parti Communiste fut entreprise par le gouvernement et par son soutien, le Parti Socialiste polonais. Les deux associés poursuivaient le même but : rendre impossible aux communistes d'exercer une influence quelconque sur les masses ouvrières, les séparer des masses, les éliminer de la vie publique. Le P. P. S. brisa les Conseils Ouvriers pour enlever aux communistes la possibilité d'y faire la propagande; après le départ des membres du P. P. S., les Conseils furent supprimés par le gouvernement.

Dans la seconde moitié de 1919, le Parti Communiste devient complètement illégal. Les arrestations des ouvriers communistes sont de plus en plus fréquentes, les prisons regorgent de communistes qui y restent enfermés un temps indéterminé, sur l'ordre des autorités administratives, sans aucune instruction judiciaire. Chaque action, chaque tentative d'agir ouvertement sont payées par de nombreuses victimes. En été 1920, à la suite d'une défaite sur le front, la répression atteint un degré inouï. On arrête tout ce qui est soupçonné de la moindre sympathie à l'égard du communisme. Les cours martiales, sur la rive droite de la Vistule, font fusiller les ouvriers et les paysans communistes par douzaines, et les tortures infligées aux détenus par les politiciens et les geôliers, deviennent une habitude. (Qu'il nous soit permis de rappeler seulement le fameux *pogrome* des détenus politiques à Wronki.)

A partir d'octobre, la vague de terreur blanche reflua; on revint à l'ancien état « normal ». Au printemps de 1921, après la levée de l'état de siège, on libéra même de nombreux détenus, contre lesquels on n'avait pas de preuves suffisantes de leur adhésion au Parti Communiste. Par contre, on condamna certains ouvriers à des peines allant de 3 à 15 ans de prison pour le seul crime d'être membres du parti. Le nombre des communistes qui se trouvaient en prison vers la fin de 1921, était de plusieurs centaines; un an avant, ils se comptaient par milliers.

Le Parti Communiste s'adapta rapidement, dans le courant de 1919, aux nouvelles formes de combat; ces formes, dont l'origine remonte au bon vieux temps du tsar, ont cours encore aujourd'hui.

L'organisation

La colonne vertébrale de tout le travail communiste est constitué par une organisation illégale étroite qui est fondée sur une base territoriale. Ses éléments sont formés par des cellules communistes dans les usines, dans les mines, dans les exploitations agricoles, dans les syndicats, etc. Seuls appartiennent à cette organisation étroite ceux qui prennent une part active et continue au travail du Parti, c'est-à-dire à la propagande, au colportage, à la direction des organisations légales, etc. Mais, à côté de ces membres, il existe des milliers d'ouvriers qui se considèrent comme communistes, qui votent systématiquement pour les communistes dans les comités d'usine, dans les syndicats, qui suivent les drapeaux communistes dans les manifestations, etc.

L'organisme du Parti qui se trouve au bas de l'échelle et qui assume la direction du travail, est constitué par un conseil local ou par un conseil de quartier; il est composé de représentants de toutes les cellules et se réunit périodiquement (une fois par semaine). Les conseils locaux et les conseils de quartier ont leurs propres commissions exécutives. A la tête des arrondissements se trouvent des comités d'arrondissement élus par les délégués des conseils locaux. Au Comité Central, composé de neuf membres, et qui est élu par les conseils nationaux ou par les congrès nationaux, est adjoint un conseil du parti, qui a un caractère consultatif et qui est composé de représentants régionaux; il se réunit non-périodiquement.

Indépendamment de sa structure territoriale (horizontale), le Parti a encore une structure verticale suivant les différents genres de travail. Sous la direction immédiate du Comité Central travaillent, à titre d'organes auxiliaires, des comités spéciaux pour le travail syndical, pour la propagande dans la langue juive, pour la propagande dans l'armée, dans l'agriculture, dans les coopératives, parmi les cheminots, dans la Croix-Rouge du secours aux détenus politiques. Aux comités régionaux des arrondissements, plus grands, sont adjoints un certain nombre de comités appropriés qui sont en contact avec les comités spéciaux centraux mais qui travaillent sous la responsabilité des comités régionaux.

La littérature illégale

Depuis la suppression de sa presse communiste légale, l'organisation est devenue l'instrument principal de propagande du P. C. Les communistes ont pu, au début, tenir facilement des réunions publiques dans les usines, mais bientôt les patrons, dont l'assurance grandissait à mesure que les répressions gouvernementales devenaient plus violentes, coupèrent aux communistes l'accès des masses; ils furent fortement soutenus en l'occurrence par les chefs du P. P. S. La situation est devenue telle que les communistes ne peuvent pénétrer que dans les usines où ils jouissent déjà d'une certaine influence. C'est pourquoi le premier pas vers la conquête d'un établissement industriel consiste à y former une cellule qui prépare le terrain pour une agitation plus large.

De même, la littérature illégale ne peut être répandue que par la voie de l'organisation. Cette littérature prend surtout la forme de manifestes. Ces manifestes servent au Parti aussi bien pour éclairer la situation politique, pour stigmatiser l'action des ennemis, que pour expliquer la position prise par le Parti à l'égard des problèmes en cours. C'est pour ces raisons que ces appels prennent parfois les proportions d'un tract entier. Cependant, dans la plupart des cas, le rôle de ces manifestes est de préparer directement et d'engager des actions.

C'est par le canal des manifestes que le Parti s'adresse aux larges masses. L'organisation les distribue dans les usines, dans les réunions syndicales et dans les assemblées de grévistes; la veille de l'action, on les colle sur les murs. Le tirage des appels du Comité Central change suivant les périodes; il était de 40.000 exemplaires vers la fin 1921. Le Comité de Varsovie tire ses manifestes à 10.000 environ. Le nombre des appels a changé considérablement suivant la situation politique et l'état intérieur de l'organisation. Ainsi, par exemple, en juillet 1920, le Comité Central publia neuf manifestes du nombre total de 250.000 exemplaires. En octobre de la même année, lorsque l'organisation était encore en train de se reconstruire, deux appels seulement furent lancés, tirés au nombre de 10.000. Outre les appels d'un caractère général, on lance aussi des manifestes spéciaux adressés aux ouvriers agricoles, aux soldats, aux cheminots, etc. La plupart des appels émanant des organismes centraux paraissent en même temps en langue juive. Les manifestes du Comité de Lodz sont publiés aussi en allemand. Outre les manifestes, on édite une série de feuilles périodiques illégales qui ne sont répandues qu'en quantité restreinte. L'organe central qui détermine la ligne politique du Parti, porte le nom de *Drapeau Rouge* (*Czerwony Sztandar*) dont ont paru, depuis 1919 jusqu'en juin 1921, dix numéros. Le numéro 8 a été tiré à 3.000, le numéro 10 à 7.500. D'autre part, le Comité Central fait paraître *Gromada* (*La Communauté Rurale*), destinée à la propagande parmi les ouvriers agricoles (ont paru, jusqu'à la moitié de 1921, seize numéros), *Le Cheminot Communiste* (quatre numéros jusqu'à la même date), *Le Soldat et l'Ouvrier* (six numéros), *Au Combat* (en langue juive). Tous ces journaux sont mis en vente, ainsi que de très nombreuses brochures de propagande illégales; seuls les manifestes sont distribués gratuitement.

En 1919, le Parti avait commencé à publier un organe théorique; mais il fut obligé d'en interrompre l'édition à la suite de confiscations et de persécutions incessantes. Au printemps de 1921, parut de nouveau le premier numéro de *La Revue Communiste* (*Przeblad Komunistyczny*), mais cette fois-ci d'une façon illégale.

Les comités régionaux lancent leur propres appels et feuilles non périodiques (*Le Drapeau du Communisme*, à Varsovie, *La Commune*, à Lodz.)

Les syndicats

Le gouvernement et les social-patriotes ont réussi à couper aux communistes de nombreuses voies conduisant aux masses ouvrières. Ils les ont privés de la presse, ils ont anéanti les conseils ouvriers, rendu les réunions publiques impossibles. Mais ils n'ont pu enlever aux communistes la seule position qui leur assure un contact avec les larges masses, qui leur permet de lutter pour la possession de l'âme ouvrière et d'organiser les masses pour l'action. Ils n'ont pas pu couper aux communistes la voie qui mène aux syndicats. Lorsque les possibilités légales eurent disparu, le travail dans les syndicats acquit pour les communistes une grande importance. Et, peu à peu, la lutte dans les syndicats, par les syndicats et au moyen des syndicats est devenue une des tâches principales du Parti.

Les choses se sont passées autrement auparavant. Dans la première période du mouvement, en hiver et au printemps de 1918-1919, l'attention du Parti était surtout attirée vers une action politique directe. On pensait qu'on se trouvait à la veille d'un combat immédiat pour la conquête du pouvoir des conseils. C'est pour cette raison que le travail communiste s'était concentré au sein des Conseils, organes directeurs de la classe ouvrière. Les syndicats ne jouaient à cette époque aucun rôle important dans l'ensemble du mouvement ouvrier, composés qu'ils étaient, vu la paralysie complète de l'industrie, surtout des sans-travail. La plupart d'entre eux n'avaient à résoudre aucun problème d'ordre essentiellement syndical, c'est-à-dire à lutter pour l'amélioration des salaires et des conditions générales du travail. Certes, les communistes avaient pris part à l'organisation des syndicats; ils les avaient utilisés en guise de points d'appui pour la propagande, mais ils les estimaient plutôt au point de vue de l'avenir, en tant qu'organes du futur pouvoir prolétarien, subordonnés aux conseils ouvriers, représentant ce pouvoir. Quant au présent, les communistes leur ont donné, pour tâche principale, la lutte pour le pouvoir des conseils (Résolution de la Conférence du Parti de février 1919).

Dans une série d'appels, le Parti Communiste a renoncé à la création de syndicats à lui; il dirigea la lutte économique du prolétariat à l'aide des comités d'usines et des conseils des comités d'usines. En particulier, l'action des chômeurs, qui exigeaient du travail et des « indemnités de guerre », était dirigée par les comités d'usine et les conseils ouvriers politiques. L'exemple le plus frappant sous se rapport est fourni par le bassin de Dombrowa. Il existait là-bas un syndicat des mineurs « sans-parti », fondé par le P. P. S. au temps de l'occupation autrichienne. La social-démocratie n'avait pas réussi, à cette époque, à fonder son propre syndicat, les autorités refusant l'autorisation nécessaire. La révolution ayant éclaté en Autriche et en Allemagne, et les envahisseurs s'étant retirés, des comités de mines furent fondés dans le district des charbonnages. Ensuite fut créé un conseil ouvrier général, avec une majorité communiste, qui, pendant quelques mois, fut le maître du district minier. Les conditions de travail et de salaire ont été dictées aux patrons par les comités de mine, soutenus par l'autorité du conseil ouvrier. Le syndicat n'a joué, dans cette situation, aucun rôle en tant qu'organe de lutte économique et il était complètement ignoré des communistes. C'est seulement au moment où la grande grève de mars 1919, dirigée par le conseil ouvrier et trahie par le P. P. S., fut brisée par le gouvernement (des salves tirées sur des réunions ouvrières tuèrent plusieurs travailleurs), que le syndicat dirigé par les jaunes commença à lever la tête, joua le rôle d'intermédiaire auprès des patrons et du gouvernement, d'instrument d'union sacrée et, comme tel, fut reconnu aussitôt par les capitalistes. Après la chute des conseils ouvriers, le Parti lança le mot d'ordre : Aux syndicats, pour en faire un instrument de lutte !

Les choses se sont passées de la même façon parmi les ouvriers agricoles de la région de Lublin, où la bataille économique avait été menée par un conseil fédéral de délégués des domaines, sous l'influence du P. C., parmi les ouvriers municipaux de Varsovie, parmi les travailleurs des mines militarisées de Varsovie et dans certains autres cas. Partout où le mouvement croissant amenait la création d'institutions dans le genre des conseils ouvriers (conseils de délégués d'usine, etc.) qui avaient un caractère prononcé d'organisations de combat, le P. P. S. leur opposait, lorsque le mouvement faiblissait, ses propres syndicats, légalisés et favorisés par les pouvoirs publics; ces syndicats avaient pour but de faire une politique d'union sacrée, de détacher une partie des ouvriers des conseils et de les soustraire à l'influence des communistes. Les communistes ont stigmatisé ces manœuvres contre-révolutionnaires, mais ils ne se sont nullement posés en ennemis des syndicats, considérés comme une forme du mouvement ouvrier. Ils ont défendu les conseils, en tant que position de bataille, en tant qu'organes de lutte révolutionnaire. Cependant la réaction grandissante ayant rendu impossible toute action aux conseils illégaux, et ces derniers n'ayant de valeur qu'autant que les masses révolutionnaires leur insufflaient la vie, les communistes ont lancé le mot d'ordre de l'entrée aux syndicats, même dans ces branches de l'industrie où, seul, le P. P. S. avait, jusqu'à ce jour, ses points d'appui principaux.

La liquidation des conseils ouvriers politiques et des conseils de comités d'usine commença au printemps de 1919. Déjà, à cette époque, la fusion des syndicats communistes et socialistes était posée à l'ordre du jour. Partout les masses ouvrières poussaient à cette union (à Varsovie, c'étaient les ouvriers des métaux qui en avaient pris l'initiative). Le Parti Communiste se prononça pour la fusion des syndicats, bien que sous certaines réserves. La résolution de la Conférence de février 1919 s'exprimait ainsi :

> La conférence considère comme indispensable de procéder à l'union des syndicats existants sur la plate-forme de la lutte pour le pouvoir des conseils.
>
> La conférence avertit les syndicats communistes du danger qui résulte d'une fusion trop rapide avec les organisations qui ne se placent pas encore sur le terrain révolutionnaire. Elle recommande de préparer cette union par une propagande dans les masses syndicales et de leur expliquer les principes du mouvement syndical.

Après de longs pourparlers, on aboutit à un accord entre les représentants des syndicats communistes, des syndicats sans-parti du « royaume du Congrès » et des organisations syndicales de Galicie, qui étaient soumises à l'influence exclusive du P. P. S.

La base idéologique de l'union fut exposée dans une déclaration commune. Nous y lisons entre autres : « Les syndicats sont dirigés dans leur action par le principe de la lutte de classe... Dans le moment historique présent, lorsque la révolution sociale internationale est en train de mûrir, la lutte pour la chute du capitalisme, menée parallèlement au combat quotidien contre l'exploitation des ouvriers par les patrons, constitue l'objet principal et la tâche immédiate du mouvement syndical... L'action des syndicats doit être subordonnée à ce but final, afin qu'ils puissent accomplir leur tâche de contrôle et de partage de la production, dans la période transitoire. » Un autre passage de la déclaration parle du devoir « de collaborer avec les conseils ouvriers », le projet communiste primitif ayant demandé « la subordination aux conseils ouvriers, organe principal de la classe ouvrière ».

L'accord se fit au moment où les conseils ouvriers se mouraient; ainsi, cette dernière formule ne pouvait avoir aucune signification pratique. Cependant le fait même qu'elle eût été acceptée, constituait une victoire communiste; la preuve était ainsi faite que les dirigeants du P. P. S. agissaient sous la pression de la masse de leurs propres adhérents. Mais bientôt ils s'aperçurent que l'union était, au point de vue de leurs intérêts de parti et d'union sacrée, une faute ayant fourni aux communistes le terrain de propagande qu'on avait voulu leur enlever par la suppression des conseils ouvriers. Ainsi l'union fit craindre que les communistes ne transformassent les syndicats en organes indépendants de lutte de classe révolutionnaire, tandis qu'ils contituaient entre les mains du P. P. S. un rempart de la contre-révolution. C'est pour cette raison que les chefs jaunes commencèrent à saboter de toutes leurs forces la réalisation de l'accord. Pendant une année entière, l'action unitaire ne fit aucun progrès. C'est seulement au printemps de 1920 qu'on arriva à la fusion des deux syndicats des métaux dans la Pologne du Congrès; en automne de la même année — à une union avec le syndicat galicien, après qu'on eût réussi à conquérir la majorité dans le premier Congrès général; en mai 1920, qu'on s'empara de la Commission centrale des syndicats et qu'on prit en main tout l'appareil bureaucratique.

Cependant déjà, en 1918 et en 1919, se sont formées certaines organisations syndicales telles que les syndicats des ouvriers agricoles, des mineurs, du textile et des cheminots; dans toutes ces unions, une lutte commença d'abord entre les communistes et les réformistes. Surtout digne d'attention est la lutte que les communistes ont dû soutenir au sein des syndicats des cheminots (90.000 adhérents) et des travailleurs agricoles (100.000 membres), ces deux organisations jouant un rôle des plus importants par leur puissance et leur portée sociale. Ici le combat s'était engagé, dès le premier moment, non pas sur le terrain des programmes abstraits, mais pour des objectifs économiques réels. A la tactique de compromis des partisans du P. P. S. qui, à chaque instant, subordonnaient les intérêts des travailleurs à ceux de la nation, les communistes opposèrent une tactique de lutte contre les hobereaux et contre le gouvernement et ils amenèrent ainsi les ouvriers au communisme en leur prouvant par les faits que les communistes étaient seuls à les défendre.

A partir du printemps de 1920, cette bataille s'engagea dans tous les syndicats, l'industrie ayant été mise partiellement en marche, principalement pour les besoins de l'armée, pendant l'hiver de 1919-1920. En juin 1920, l'industrie, grosse et moyenne, avait atteint 30 0/0 de sa faculté de production. Le nombre des petits ateliers en marche avait atteint les proportions d'avant-guerre. Dans les mines, le nombre des ouvriers avait dépassé de 50 0/0 celui d'avant-guerre. Certes, les ouvriers qui, après de longs mois de misère, avaient enfin trouvé du travail, n'étaient pas très désireux de reprendre la lutte, mais la cherté de la vie les y obligea et aucun effort des social-patriotes, aucun « danger qui menaçait leur patrie », ne pouvaient détourner les ouvriers de l'action. Les grèves succédaient aux grèves et une vie intense se fit sentir dans les syndicats. Partout les communistes organisèrent leurs propres fractions, partout ils se levèrent contre la politique de l'union sacrée et des compromis avec les patrons et avec le gouvernement, politique appliquée par les chefs du P. P. S. Partout ils posèrent à l'ordre du jour les revendications qui pouvaient réunir la classe ouvrière (lutte contre la guerre et contre la militarisation des usines).

Ce changement de la signification et du rôle des syndicats, qui correspondait à une situation politique et économique changée et qui comportait un changement approprié dans la nature du travail communiste dans les syndicats, reçut son expression dans les thèses détaillées sur le rôle des syndicats, thèses votées par la première Conférence du Parti, à la fin du mois d'avril 1920, et soumises, en guise de programme, par la fraction communiste, au premier Congrès national des syndicats. Ce programme, qui demandait aux syndicats une participation des plus actives au combat pour la dictature du prolétariat et pour la République Polonaise des Conseils, comportait toute une série de tâches concrètes qui donnaient à la formule générale un contenu tactique. Il indiquait la lutte pour le contrôle de la production comme faisant partie intégrante du combat pour la dictature du prolétariat; il demandait la création de comités d'usines et rejetait par contre tout programme de socialisation comme une utopie dangereuse. Il recommandait l'abrogation de la loi qui établit une contribution ouvrière aux caisses de secours aux malades. Dans les questions de salaire et de travail, il demandait la lutte la plus acharnée contre toute tentative du capital d'augmenter l'intensité du travail au moyen, soit du travail aux pièces, soit d'heures supplémentaires. Il recommandait la lutte pour l'adaptation des salaires au coût de la vie et il s'élevait contre tous les tarifs qui n'admettent pas l'établissement d'une échelle proportionnelle à la cherté croissante des produits. Ensuite, il rejetait tout système d'arbitrage qui affaiblit et paralyse l'action ouvrière, préconisait une lutte énergique contre la militarisation des usines et posait en principe l'unification des mouvements de grève et le caractère révolutionnaire de la lutte.

Ce premier Congrès syndical marque le point culminant de cette période de bataille. La fraction communiste y était représentée par 60 délégués sur les 155 envoyés au Congrès par 350.000 ouvriers organisés. Le combat principal y fut livré au sujet des tâches et des buts des organisations syndicales et de leur attitude en face du gouvernement et de la guerre. Les thèses communistes réunirent 68 voix contre 86. En outre, les communistes y avaient lutté pour les formes démocratiques des organisations syndicales et en particulier pour l'existence des cartels qui étaient combattus par les fonctionnaires syndicaux jaunes. Les jaunes, qui tendent à diviser les ouvriers des professions différentes, afin d'empêcher toute action révolutionnaire commune, rayèrent ces cartels honnis des statuts syndicaux.

La lutte des communistes au sein des organisations syndicales est un vrai travail de Sisyphe. L'exemple du syndicat textile de Lodz le prouve le mieux. Au printemps de 1920, les communistes conquirent une grosse majorité dans la section principale, celle de Lodz (environ 30.000 adhérents). Quelques semaines plus tard, le bureau au complet était emprisonné. Un autre bureau de la même tendance ayant été élu, le comité central du syndicat, qui se trouvait aux mains du P. P. S., dissolvait la section de Lodz en la déclarant communiste, et fondait, à sa place, 6 sections régionales. La majorité écrasante des membres se refusa à reconnaître cet acte de violence et resta dans la section, mais la police emprisonna le nouveau bureau et ferma le local. Après le reflux de la vague de terreur blanche, les communistes lancèrent le mot d'ordre d'entrée à ces 6 sections régionales détestées. Au milieu de l'année 1921, ils avaient déjà conquis la majorité dans trois de ces sections.

A la même époque, les communistes disposaient déjà d'une majorité solide dans toute une série de syndicats centralisés, dans d'autres ils avaient des minorités sérieuses (les cheminots, les ouvriers des métaux, les mineurs, le textile, les ouvriers agricoles, les ouvriers des industries alimentaires). Un certain nombre de sections importantes ont une majorité rouge, comme par exemple la plupart des sections de l'Union syndicale des Mineurs, dans le bassin de Dombrowa.

Outre le combat dans les syndicats généraux, les communistes mènent aussi la lutte au sein des organisations syndicales juives. Là où ils arrivent à conquérir la majorité, ils réalisent la fusion avec les syndicats appropriés polonais (ouvriers des cuirs, des tabacs, du bâtiment).

Sur le terrain plus ingrat des *coopératives*, les communistes développent aussi une action énergique. Dans le Congrès des coopératives ouvrières de 1921, la délégation rouge était représentée par 25 délégués (1/6 de la délégation totale). Un certain nombre de coopératives est dirigé par les communistes et présente un point d'appui sérieux pour la propagande. Cependant ils n'ont pas encore réussi (en 1921) à réunir les masses sur le terrain coopératif en vue de l'action économique.

D'autre part, les communistes polonais, sur le terrain de *l'éducation et de la culture prolétariennes*, ont déjà enregistré quelques succès.

L'agitation dans l'armée

Dès le début, les communistes polonais ont tourné leurs efforts vers la propagande dans l'armée. Mais, dans la première période, période décisive, cette propagande ne pouvait escompter un grand succès, l'armée étant composée de volontaires, petits bourgeois qui tiraient avec plaisir sur les travailleurs. C'est seulement après les premières mobilisations qui avaient rempli les rangs de l'armée d'ouvriers et de paysans, que le travail communiste put prendre plus d'ampleur. La publication illégale destinée aux soldats était lue attentivement dans les casernes, les manifestes du Parti étaient colportés même sur le front. Dans certaines villes, le Parti avait de bonnes organisations de soldats. Mais la grande masse des soldats n'était pas révolutionnaire. La guerre, au début, ne faisait pas un grand nombre de victimes, elle offrait par contre des occasions de pillage; on trouvait dans l'armée un refuge contre la faim qui guettait le paysan pauvre dans son village, l'ouvrier dans la ville. C'est ainsi que les nombreuses arrestations des militants des organisations qui travaillaient dans l'armée purent paralyser pour longtemps la propagande parmi les soldats, tandis que les organisations du Parti dans les villes et les campagnes pouvaient braver toutes les répressions et se reconstituer malgré de lourdes pertes. Vers le milieu de 1921, la propagande dans l'armée fit de nouveaux progrès (1).

(1) En été 1922, le gouvernement de Pilsudski prit de nouvelles mesures de répression contre la propagande dans l'ar-

Actions de masse

Dans la première période, une action suivait l'autre. Les grandes masses de rapatriés et de chômeurs se mettaient facilement en mouvement. Les mineurs du pays noir, les ouvriers agricoles se laissaient emporter par la vague révolutionnaire. Mais bientôt le mouvement révolutionnaire se calma, surtout dans la capitale, noyé par une puissante vague nationaliste et petite-bourgeoise. Les grandes foules de chômeurs se dispersèrent. Une partie trouva un refuge dans l'armée, une autre dans les postes subalternes innombrables de l'administration (la police, les gardes-frontière, l'administration des pays conquis), une autre encore dans le commerce de contrebande et dans le mercantilisme, une autre enfin dans l'industrie mise en marche partiellement; tous ces éléments, au début, se tinrent tranquilles. Le prolétariat était de moins en moins capable d'entreprendre la lutte contre le pouvoir grandissant du gouvernement ou de se lancer en général dans une action sérieuse, économique ou politique. Et il arriva ainsi que la voix des communistes ne trouva plus d'écho que dans les couches ouvrières les plus conscientes, les plus prêtes au sacrifice.

La dernière grande manifestation publique organisée par les communistes dans cette première période, fut le défilé devant le siège du Sejm (le 4 juillet 1919) de 20.000 sans-travail acculés au désespoir par l'arrêt des travaux publics de terrassement (ces « ateliers nationaux » polonais). La police tira sur la foule et tua plusieurs ouvriers. Le mouvement n'eut pas de suite.

mée. De nombreuses arrestations eurent lieu, surtout parmi les jeunesses communistes. La presse nationaliste et « chrétienne » joua à cette occasion le rôle d'indicatrice de la police et de pourvoyeuse du bagne. (Note du trad.)

La masse était déjà incapable de lutte, et l'enterrement des victimes fut en même temps celui des espérances révolutionnaires de ce printemps mouvementé.

Alors se firent jour des tendances aux « actions violentes ». Certains camarades pensèrent que la situation était mûre pour la révolte et qu'il ne s'agissait que de « briser la passivité de la masse et l'indifférence des soldats »; c'est pour cette raison qu'ils préconisaient l'organisation de détachements de combat qui devaient marcher à la tête des manifestants et même engager une lutte armée contre la police. Ces tendances constituent un phénomène typique des périodes de réaction, pendant lesquelles les éléments les plus révolutionnaires du prolétariat, vu l'importance de la masse résignée et les crimes de la bourgeoisie, ne voient le salut que dans l'action offensive des groupements de combat. Mais le Comité Central et ensuite la Conférence du Parti s'opposèrent à ces illusions. Le Parti ne pensa pas que l'acharnement au combat d'une minorité révolutionnaire pût suppléer à la défaillance des masses. Mais, sans se laisser décourager par le reflux momentané de la vague révolutionnaire, il n'en appela pas moins le prolétariat à la bataille chaque fois que son devoir l'y obligea.

C'est ainsi que les communistes ont exhorté, sans relâche, les ouvriers à la lutte contre la guerre et pour la défense de la Russie des Soviets. Les 20 et 21 juillet 1919, ils appelèrent le prolétariat à la grève générale et aux manifestations dans la rue pour protester contre la guerre, bien que la C. G. T. française et le Labour Party anglais eussent décommandé la grève annoncée, et que le P. P. S. eût fait tous ses efforts pour l'empêcher. La grève n'eut presque aucun succès. Les cortèges communistes furent dispersés à Varsovie, accueillis par des feux de salves à Lublin; à Dombrowa, le conseil ouvrier fut arrêté. Le Parti

Communiste subit aussi un échec, lorsque, en automne 1919, il appela le prolétariat des villes à une grève de solidarité pour soutenir les ouvriers agricoles en bataille. Car la dernière grande bataille de la première période ne fut pas livrée en ville, mais en rase campagne.

Les ouvriers agricoles qui se sont éveillés à la vie publique en 1905, ont réussi à améliorer considérablement leurs conditions de travail et à conquérir de haute lutte des droits considérables pour leurs organisations syndicales, grâce à une série de grandes grèves, en hiver 1918-1919. Ils se sont constitués en classe et sont même une des fractions les plus révolutionnaires de la classe ouvrière. En automne de 1919, les hobereaux, forts du renforcement général du pouvoir, passèrent à une contre-offensive pour enlever aux ouvriers une partie de leurs conquêtes. Mais les ouvriers agricoles n'étaient pas encore atteints de cet esprit de passivité qui affaiblissait déjà le prolétariat urbain. Le syndicat des ouvriers agricoles, dont le bureau et la plupart des sections subissaient fortement l'influence communiste, proclama, en réponse à la provocation des hobereaux, la grève générale des ouvriers agricoles. La grève éclata, en octobre, dans toute la Pologne du Congrès, pendant la récolte des pommes-de terre, et créa momentanément une situation révolutionnaire. Le gouvernement eut recours à des représailles sauvages, envoya des expéditions coercitives dans les domaines, où la cavalerie et les gendarmes arrêtèrent et maltraitèrent des centaines d'ouvriers. Une nouvelle couche de la classe ouvrière apprit à connaître les prisons polonaises.

Le Parti Communiste essaya de mobiliser les ouvriers des villes au secours des campagnes, et il fit appel à une grève de solidarité. Mais le P. P. S. ne se contenta pas de s'opposer, avec la dernière énergie, à tout appui donné aux grévistes; il s'empara encore, avec l'aide de la police, du bureau central du syndicat des Ouvriers agricoles, fonda un nouveau bureau central usurpateur et lança le mot d'ordre du retour au travail. Les ouvriers agricoles furent vaincus. La direction de leur syndicat et tout son appareil bureaucratique passa dans les mains du P. P. S. qui, désormais, avec plus de soin que partout ailleurs, protège les ouvriers agricoles contre toute contagion communiste.

Après juillet 1919 et pendant de longs mois, les communistes n'ont éprouvé extérieurement que des revers. Ils ont été décimés par des emprisonnements qui brisaient leurs organisations, l'une après l'autre; leur voix n'atteignait qu'une partie de la classe ouvrière, leurs appels au combat ne trouvaient pas d'échos. Leur organe central disait, en mai 1919, sur la tactique appliquée dans cette dure période :

> Que faites-vous? nous crient, en se tordant les mains, nos critiques. Vous proclamez des grèves qui n'éclatent point, qui trahissent votre faiblesse. Que faites-vous? — nous avertissent les membres du « Bund » — vous dévoilez devant la bourgeoisie la division du prolétariat. — Oui, c'est vrai, nous ne craignons pas de montrer notre faiblesse, car on ne devient pas fort en la cachant. Oui, c'est vrai, nous voulons que la division de la classe ouvrière se révèle dans toute son ampleur et en pleine lumière, grâce à l'opposition constante des deux tactiques, des deux voies, des deux méthodes de combat : de la méthode révolutionnaire et de celle des compromissions. Nous voulons que les masses soient à même d'apprécier par leur propre expérience les résultats des deux méthodes, qu'elles reçoivent des preuves pratiques et tangibles et puissent ainsi reconnaître la valeur de notre parti. Nous savons que, souvent, une grève perdue équivaut pour nous à une victoire politique : elle démasque les social-patriotes, elle mobilise l'avant-garde de la classe ouvrière. C'est ainsi que la masse apprend à se la classe ouvrière. C'est ainsi que la masse apprend à distinguer, *après coup* et après avoir refusé de suivre l'appel de son parti révolutionnaire, qui la dirige bien de qui la trahit.

Au printemps de 1920, le mouvement ouvrier commença de nouveau à se ranimer, et les communistes apparurent de nouveau à la surface du mouvement en organisant, en dépit de la résistance des chefs du P. P. S., des actions économiques, en les dirigeant et en leur imprimant un caractère politique. Mais la classe ouvrière n'était pas encore capable d'organiser une action particulière contre la guerre et contre le gouvernement, et bientôt la terreur blanche paralysa le mouvement.

Après la période de terreur, le Parti Communiste prit, pour la première fois, ouvertement part à l'action, en octobre 1920, à l'occasion d'une grève organisée par le P. P. S. et dirigée contre le projet de constitution votée en première lecture au Sejm, projet qui prévoyait une Chambre Haute. La campagne du P. P. S. contre le Sénat laissa les ouvriers froids; en présence de la trahison systématique des intérêts essentiels de la classe ouvrière par le P. P. S., cette campagne n'était qu'une parodie de lutte contre la bourgeoisie. Toutefois, les communistes se joignirent à la grève en lançant le mot d'ordre : A bas le Sénat et *à bas le Sejm!* Partout où la grève fut réalisée, aussi bien à Varsovie qu'aux charbonnages, elle eut un caractère nettement communiste. Pour le Parti Communiste, ces manifestations étaient l'occasion de montrer, à la bourgeoisie et aux social-patriotes, qu'il n'avait pu être anéanti par la terreur blanche. Et de nouveau apparurent dans les rues les drapeaux communistes portant en exergue : « Vive la dictature du prolétariat! » et cette inscription encore beaucoup plus haïe : « Vive la Russie des Soviets! »

C'était le début d'une véritable résurrection du mouvement ouvrier et la première grande action de masse que les communistes aient pu organiser après un an et demi de faiblesse. Nous parlons ici de la grève des cheminots, en février 1921, qui se changea en une grève générale. Nous y reviendrons en analysant la situation nouvelle qui se créa après la guerre.

IV

CONTRE LA GUERRE

L'activité du Parti Communiste polonais fut longtemps subordonnée aux besoins du moment créés par la guerre que la Pologne menait contre la Russie des Soviets. La lutte contre la guerre et pour la défense de la Russie révolutionnaire constituait l'essence même de l'action communiste et déterminait l'attitude du Parti envers le gouvernement et les partis gouvernementaux.

La guerre contre « le Moscovite » et « les bolchéviks », que Pilsudski avait commencée sans aucune déclaration en février 1919 et qui a duré jusqu'au mois d'octobre 1920 (préliminaires de la paix) ou plutôt jusqu'au mois d'avril 1921 (conclusion de la paix), était une affaire « nationale ». Les communistes qui combattaient la guerre et déclaraient ouvertement leur solidarité avec la République des Soviets, étaient considérés comme « traîtres » et « agents russes »; aussi toutes les persécutions auxquelles on les soumettait étaient-elles approuvées et soutenues par chaque petit-bourgeois ou intellectuel et même par maint ouvrier aveuglé par le nationalisme. L'isolement absolu des communistes faisait que tout le monde se comportait envers eux comme agent de police, rendant leur action illégale beaucoup plus dure que sous l'époque tsariste.

Ils n'en formulèrent pas moins nettement leur position en face de la guerre et de la Russie des Soviets. Leur position de principe trouva son expression dans la résolution citée plus haut (1). A partir de leur déclaration de février 1919, dans le Conseil Ouvrier de Varsovie, ils n'ont laissé passer aucune occasion d'expliquer clairement aux ouvriers que la guerre de la bourgeoisie polonaise contre la Russie n'était nullement une guerre nationale, mais une *guerre de classe*, que l'Armée Rouge des ouvriers et des paysans russes était *leur* armée, l'armée de tous les opprimés et de tous les exploités. Ils ont utilisé chaque réunion, chaque manifestation pour organiser la lutte contre la guerre et la défense de la Russie des Soviets.

Leurs efforts sont restés longtemps infructueux. La guerre était populaire : d'abord parce qu'elle devait réaliser le rêve de la reconstitution de la Pologne dans ses anciennes limites historiques; d'autre part, parce que l'Entente, « bienfaitrice » de la Pologne, la désirait et fournissait les armes, les munitions, la farine, le lard et les matières premières, à titre de récompense pour le service de guerre; et enfin elle donnait une occasion bien évidente à des fonctionnaires, officiers, gendarmes, fournisseurs de guerre et à toute leur nombreuse clientèle pour s'enrichir.

Une fraction particulière de « va-t-en guerre » était composée de gros possesseurs du sol, aristocrates des Marches, qui espéraient récupérer leurs domaines de Russie Blanche, de Volhynie et de Podolie, confisqués par la Révolution Russe. Les paysans restaient indifférents et telle fut tout d'abord aussi l'attitude de la majorité de la classe ouvrière. Au début, les ouvriers ne se ressentirent pas des suites immédiates de la guerre : les hostilités avaient lieu loin à l'Est, l'ar-

(1) V. plus haut, p. 29.

mée n'était pas nombreuse; seules les classes les plus jeunes étaient mobilisées. C'est ainsi que la guerre ne produisait aucun effet révolutionnaire. Seuls les communistes conscients en étaient les adversaires; mais ils ne pouvaient pas entraîner les masses.

La situation changea au début de l'année 1920. La Russie avait vaincu ses ennemis intérieurs : Dénikine, Koltchak, Youdenitch. La politique d'intervention s'écroula et Lloyd George annonça la reprise des relations commerciales avec la Russie. La République des Soviets adressa à la Pologne plusieurs notes avec des propositions de paix. La Pologne se trouva, pour la première fois, dans une situation où elle devait trancher, en toute indépendance, la question de paix et de guerre.

La grande bourgeoisie polonaise était pour la paix. Elle désirait s'emparer, à l'Est, d'une partie seulement de la Russie Blanche et de la Volhynie pour l'incorporer définitivement à la Pologne et pour la poloniser à l'aide d'une politique colonisatrice implacable. Vu la situation difficile dans laquelle la Russie se trouvait à cette époque, elle pouvait obtenir ces frontières à la signature de la paix, et elle aurait peut-être conclu la paix avec la Russie dès l'automne de 1919, si elle avait été seule à décider. Mais l'Entente voulait la guerre. A la question posée à Paris par le président du Conseil d'alors, M. Paderewski, il fut répondu que la Pologne ne devait pas encore conclure la paix. Mais au moment où l'Entente abandonnait le jeu, la bourgeoisie polonaise n'avait plus de raisons pour continuer une guerre qui coûtait cher.

Tel n'était pas l'avis de Pilsudski. Il ne voulait pas remettre l'épée au fourreau, bien que les troupes polonaises eussent atteint la Bérézina et le Styr. Ses rêves étaient plus vastes. La Pologne devait entreprendre une mission grandiose de réorganisation de l'Europe

Orientale, libérer du « joug moscovite » tous les peuples, depuis Helsingfors jusqu'à Tiflis, et s'entourer d'une ceinture d'Etats vassaux confédérés. La Pologne ruinée économiquement, vivant de l'aumône de l'Entente, devait devenir la grande puissance de l'Orient dont Pilsudski serait le Bonaparte; si la Russie des Soviets était prête à abandonner l'Ukraine au mercenaire polonais, Petlioura, et à céder à la Pologne la Russie Blanche jusqu'au Dniéper, elle n'avait qu'à envoyer ses représentants à Borissov où les conditions de paix lui seraient dictées; sinon elle n'avait qu'à se soumettre à l'épée du nouveau Bonaparte.

Dans un mémoire que Pilsudski laissa publier en février 1920, « La Guerre ou la Paix », nous lisons : « Nous pouvons battre les bolchévistes comme nous voulons, quand nous voulons et où nous voulons. L'avance de notre armée brisera les troupes rouges au bout de trois jours de marche; au bout de dix jours elle les volatilisera, les anéantira. » Pour ces projets fous, Pilsudski avait réussi à gagner la petite bourgeoisie tout entière, les partis paysans, les intellectuels et, il va de soi, les hobereaux des Marches; il fit taire le parti national-démocrate, calculateur plus froid, et lorsque la Russie des Soviets repoussa ses propositions insolentes d'une paix de dictature, il prit l'offensive qui le mena, fin avril, à Kiew et qui finit bientôt par une terrible débâcle.

A cette époque, un revirement se produisit au sein de la classe ouvrière. Elle commençait à se ressentir de la guerre. L'hiver de 1919-1920 était dur; la cherté de la vie augmentait de jour en jour. Le sentiment patriotique et l'espoir des réformes démocratiques commencèrent à céder la place aux déceptions causées par « le régime polonais » fait de bon plaisir policier et de corruption. Tenant jusqu'à un certain point compte de ce sentiment général, le P. P. S. entama une soi-disant campagne pour la paix, ses organes considérant toutefois le programme fédéraliste de Pilsudski comme une base évidente de paix. Mais ce tribut que les social-impérialistes avaient été obligés de payer au désir de paix de leurs électeurs, fut bientôt oublié, et ce fut le groupe du P. P. S. au Sejm, qui, après l'entrée de Pilsudski à Kiew, proposa à la Chambre d'inviter le chef victorieux à prendre part à une séance tenue en son honneur.

Le Parti Communiste fit des efforts, depuis le mois de janvier, aussi bien à l'occasion d'une proposition de paix de la part de la Russie qu'en vue du danger que présentait une nouvelle campagne militaire de Pilsudski, pour mettre debout la classe ouvrière et pour provoquer un mouvement puissant contre la guerre. Certes, il avait réussi à faire voter des résolutions nettement communistes, mais il ne put déclencher une action ouvrière suffisante pour contrarier les projets criminels de Pilsudski. La grève générale, proclamée par le Parti le 8 février, ne fut réalisée que dans le bassin de Dombrowa où le travail fut interrompu pendant deux jours; à Varsovie, il n'y eut que quelques usines qui chômèrent un jour.

Malgré ces échecs, le Parti continuait à gagner du terrain dans la classe ouvrière en engageant de plus en plus la bataille dans le domaine économique, tandis que les social-patriotes cherchaient à l'arrêter. En effet, pour se débarrasser du poison national, les ouvriers avaient à mener, malgré la guerre et les imprécations patriotiques, leur lutte de classe et à apprendre à ne pas subordonner leurs intérêts de classe au soi-disant « salut de la patrie menacée ». Et ce sont les communistes qui leur avaient appris cela. C'est ainsi que les communistes firent, durant tout le printemps de 1920, des progrès incessants dans les usines et dans les syndicats. La grève contre la militarisation des chemins de fer leur assura la sympathie des cheminots; les grandes grèves de Lodz les firent porter à la tête du mouvement dans le syndicat textile; la grève des ouvriers municipaux de Varsovie, puissamment soutenue par eux et sabotée par les chefs du P. P. S., leur permit d'ouvrir une première brèche dans la citadelle social-patriote des employés de tramways.

Le mouvement gréviste s'amplifia notablement en mai-juin et prit un caractère nettement antiguerrier.

Cependant les événements sur le front marchaient plus vite encore que cette opposition contre la guerre. La marche triomphale sur Kiew fut suivie d'une fuite panique de l'armée d'invasion polonaise de l'Ukraine (juin) et bientôt le front entier polonais, depuis la Duna jusqu'à la frontière roumaine, se mit à trembler (début juillet). Le Parti Communiste avait prévu que les réformes « démocratiques » que les hobereaux et les gendarmes polonais s'apprêtaient à introduire en Ukraine préparaient aux armées de Pilsudski le sort de Skoropadsky et de Dénikine; le Parti prévoyait que, dans cette guerre sans issue de la Pologne ruinée contre la puissance entière et désormais libérée de la Russie ouvrière, la machine militaire et étatique polonaise risquait d'être brisée complètement. La fermentation croissante dans les milieux ouvriers, le changement brusque d'état d'esprit parmi les paysans et leurs fils habillés en soldats, qui au lieu de piller étaient obligés maintenant de se battre, permirent au Parti d'envisager la défaite de Pilsudski comme le point de départ d'un nouveau mouvement révolutionnaire. (Résolutions de la première conférence du Parti, fin avril 1920.)

Ainsi le Parti tenta, fin juin, de passer à des formes plus violentes de protestation contre la guerre, en lançant, dans le pays des charbonnages, un appel à une grève de démonstration. Une partie seulement des mines répondit à l'appel du Parti; et le mouvement fut bientôt étouffé par la police, par la bureaucratie syndicale et par le P. P. S. Au début du mois de juillet, lorsque la bourgeoisie se rendit compte de sa débâcle, elle eut un sursaut. Le leader du P. P. S., Daszynski, entra dans le gouvernement comme vice-président du Conseil. On se mit à organiser, de toute urgence, une armée de volontaires, à appeler de nouvelles classes, mais surtout à mater le mouvement ouvrier. On procéda, dans le pays entier, à des arrestations en masse d'ouvriers; dans les petites villes on fit surtout la chasse aux ouvriers juifs qu'on déclara tous bolchévistes. Le Parti fut gravement atteint par ces persécutions à Varsovie, à Lodz, dans le bassin minier; par milliers, les meilleurs militants, dénoncés par des membres du P. P. S. affiliés à la « Défensive » (police secrète) furent arrêtés. Une affreuse terreur se mit à sévir. La petite bourgeoisie, devenue sauvage, flairait partout les espions bolchévistes.

La grande masse des ouvriers resta passive. Une partie insignifiante seule se laissa entraîner par le P. P. S. et engager dans l'armée volontaire. Une partie attendit l'arrivée de l'Armée Rouge avec curiosité, une grande partie — avec sympathie et impatience. Mais cette dernière elle-même, privée de ses éléments les plus révolutionnaires et les plus actifs, ne se sentait pas en force pour se soulever contre la terreur bourgeoise. A la fin du mois de juillet, l'armée polonaise en fuite passa la frontière de la Pologne du Congrès; la désertion en masse décima ses rangs. Les communistes polonais en Russie nommèrent, à cette époque, un comité révolutionnaire provisoire qui arriva avec l'Armée Rouge à Bialystok et ensuite aux portes mêmes de Varsovie pour poser la première pierre de la République Polonaise des Conseils sur le territoire libéré du joug de la bourgeoisie et pour organiser le prolétariat polonais en vue des luttes ultérieures contre elle. (Ce comité révolutionnaire provisoire était composé de camarades : Jules Marchlewski, Félix Dzierzynski, Félix Kohn, Joseph Unszlicht, Edouard Prochniak.)

Le Comité Central du Parti, à Varsovie, fit appel aux ouvriers en leur demandant de se soulever, de s'unir avec l'Armée Rouge et d'engager le combat pour la République Polonaise des Conseils. Et partout où entrait l'Armée Rouge, elle était saluée avec enthousiasme par les prolétaires des villes et des campagnes. A Bialystok, la section entière du P. P. S. passa au communisme et prit part à la formation d'un Conseil; de même à Siedlce. Les ouvriers agricoles qui n'avaient pas laissé les propriétaires fugitifs emmener leur bétail, créèrent partout des conseils de domaine et des comités révolutionnaires; les commissaires politiques aux armées, de concert avec les organisations communistes locales, travaillaient à organiser la propagande parmi les paysans neutres et parmi les pauvres des villes.

Mais bientôt la situation changea. Le haut commandement polonais, soutenu par un chef d'Etat-Major français, le général Weygand, réussit, avec l'aide de l'armée blanche volontaire, composée de fils de la bourgeoisie, d'étudiants et de petits-bourgeois, à rétablir, grâce à une terreur implacable, la discipline dans les troupes. Aux portes de Varsovie, l'Armée Rouge, épuisée par une marche sans répit, se heurta aux réserves polonaises fraîches et fut repoussée. Suivant pas à pas sa retraite, une vague de terreur blanche inonda le pays sur la rive droite de la Vistule. C'est par centaines que les paysans pauvres, les ouvriers et les Juifs, accusés de complicité avec les bolchéviks, furent massacrés par les officiers et les « volontaires ». Après la première vague vint une deuxième, celle des cours martiales, qui, elles, condamnèrent à mort et firent fusiller les ouvriers suivant toutes les règles de l'art. Nombreux furent les communistes qui tombèrent sous les balles du gouvernement Daszynski. Des centaines furent emprisonnés et un grand nombre condamnés à des peines de 5 à 20 années de travaux forcés.

Ces dures épreuves n'abattirent pas le Parti Communiste. Tout affaiblies qu'elles fussent par les emprisonnements des militants et par la mobilisation, les organisations n'en gardèrent pas moins le contact entre elles et avec la centrale du Parti. En septembre, le Parti porta de nouveau son effort de propagande sur l'armée qui contenait désormais de nombreux éléments révolutionnaires. L'armée volontaire étant en décomposition et les paysans étant fatigués de la guerre, le gouvernement ne put plus retarder la conclusion de la paix.

Le contact avec l'Armée Rouge avait produit sur les paysans pauvres un effet puissant qui fut encore renforcé ensuite par les atrocités des officiers blancs. Mais il n'y avait pas que sur la rive droite de la Vistule que l'approche de l'Armée Rouge avait provoqué des espérances et des troubles parmi les paysans pauvres.

En juillet, au moment du déchaînement le plus violent du patriotisme bourgeois, le député Thomas Dombal (1) représentant des paysans pauvres de Galicie (Tarnobrzeg), déclara au Sejm qu'il considérait la guerre comme impérialiste, refusa de la soutenir et annonça qu'il était du devoir des paysans et des ouvriers de renverser le gouvernement des exploiteurs et de s'emparer du pouvoir. Sous la pression du danger, le Sejm vota, en juillet, les modalités d'application de

---

(1) Condamné, en juillet 1922, à six ans de travaux forcés pour son activité *politique*. (N. du Tr.)

la réforme agraire de 1919, modalités qui, après la retraite de l'Armée Rouge, restèrent lettre morte.

La guerre finit. Les social-patriotes avaient espéré que la position « de haute trahison », prise par le Parti Communiste, détruirait son influence dans les masses. Ils ont été déçus. Non seulement le Parti ne sortit pas affaibli de la période de terreur blanche, mais encore il porta bientôt son drapeau rouge dans les places fortes de l'ennemi, en Galicie et en Poznanie, et y conquit de nouveaux points d'appui.

Dans un tract publié en septembre, le Comité Central du Parti déclara de nouveau qu'il considérait l'Armée Rouge, qu'elle combattît sur la Bérézina ou sur les rives de la Vistule, non pas comme un ennemi et un conquérant, mais comme un allié et défenseur du prolétariat polonais. Et en février 1921, la fraction rouge du congrès des ouvriers agricoles soumit à l'assemblée, en séance plénière, la motion suivante :

> Le Congrès honore la mémoire des ouvriers des villes et des campagnes, ainsi que des paysans des districts de Mlawa, Ciechanow, Plock, Siedlce et de nombreuses autres localités, qui ont été assassinés par les bourreaux du gouvernement Witos-Daszynski pour avoir essayé de s'emparer du pouvoir qui est dû à la classe ouvrière, au moment où l'Armée Rouge des ouvriers et des paysans russes et ukrainiens brisait les chaînes de l'esclavage avec lesquelles les hobereaux, les capitalistes et les évêques avaient lié le peuple polonais.
>
> Le Congrès exprime sa solidarité avec les gouvernements ouvriers et paysans de la Russie et de l'Ukraine et avec ceux qui sont tombés dans la lutte contre la dictature des hobereaux et des capitalistes et pour la dictature des ouvriers et des paysans pauvres.

V

LES SOCIAL-TRAITRES POLONAIS

On a observé un jour que tout vrai communiste considérait les social-patriotes de son pays comme les pires dans leur genre et que, par contre, ceux des autres pays lui paraissaient relativement honnêtes. Abandonnant tout orgueil national qui nous pousserait à présenter les social-patriotes polonais comme les plus beaux spécimens de la tribu Scheidemann-Noske-Thomas-Vandervelde-Branting, force nous est de dire quand même que le parti Pilsudski-Daszynski doit intéresser les camarades de l'Internationale Communiste, non seulement parce que les communistes polonais sont obligés de lutter contre cette bande, mais encore parce que le socialisme patriotard et les social-traîtres polonais ont un signalement particulier.

Le social-patriotisme polonais est le produit d'une union entre le P. P. S. de l'ancienne Pologne russe, où la domination étrangère et l'oppression nationale avaient préparé un sol excellent pour le développement d'un parti terroriste et nationaliste, et du P. P. S. de Galicie, qui présentait un mélange idéal de l'opportunisme social-démocratique viennois avec la démagogie et la corruption galiciennes. Bien *avant* 1914, toute l'action politique de ce parti avait comme objet une sorte de *para bellum :* Pilsudski formait en Galicie, avec l'appui favorable des autorités militaires « impériales et royales », les cadres de ses légions futures. Daszynski qui, en novembre 1912, au Congrès de Bâle, tonnait contre la guerre, jouait le rôle d'intermédiaire entre Pilsudski et l'Etat-Major autrichien. Entrés à Varsovie en 1915, alliés de Guillaume et du général

Beseler, les hommes du P. P. S. ont développé, à titre de défenseurs et d'hommes de confiance des envahisseurs, une activité fiévreuse pour conspirer ensuite, lorsque les Empires Centraux virent leur étoile pâlir et que leurs intentions de restaurer la Pologne devinrent de plus en plus douteuses, contre leurs anciens tuteurs et cela au profit de l'Entente.

Au début de novembre 1918, quand les victoires de l'Entente et la révolution en Allemagne déterminèrent la fondation de la République Polonaise « réunie et indépendante », le P. P. S. prit place au premier rang des partis constructeurs de l'Etat. Le social-patriote galicien et capitaine des légions, Moraczewski fut affecté par Pilsudski au rôle de Kerensky polonais. Le Parti réunit alors autour de lui de grandes masses de petits-bourgeois et d'intellectuels, mais il sut également exercer son influence sur une grande portion de la classe ouvrière, en exploitant la griserie du sentiment national ainsi que son pouvoir politique. Sans s'appuyer directement sur une force réelle, — sur l'ordre de Pilsudski, qui disposait d'une armée à lui, il avait renoncé à l'armement des masses ouvrières, — le P. P. S. fut toléré, pendant quelques mois, au gouvernail de l'Etat par la bourgeoisie, parce qu'il avait donné des preuves éclatantes de son utilité et s'était rendu indispensable comme rempart contre la révolution, parce que son action tendait à désarmer les ouvriers et à armer la bourgeoisie, parce qu'il empoisonnait la classe ouvrière avec le virus nationaliste et parce qu'il n'avait pas reculé devant les crimes les plus abjects, tels que l'assassinat des membres de la mission de la Croix-Rouge des Soviets, au début de janvier 1919. Sa loyauté envers l'ordre bourgeois apparut d'une façon encore plus éclatante, lorsque, à la fin du mois de janvier, à la veille des élections, il abandonna la place sans coup férir et remit le pouvoir, sur l'ordre de Pilsudski, à un gouvernement purement bourgeois et réactionnaire. Disposant, au sein de la Constituante, d'une fraction de 35 membres, le P. P. S. resta toujours fidèle à l'union sacrée, vota systématiquement pour tous les besoins de l'Etat, pour la guerre, pour la levée des recrues et pour les crédits de guerre, pour l'alliance avec l'Entente; pour les projets d'impôts, etc. Le P.P.S. tint toujours à être le premier parmi les partis reconstructeurs et conservateurs de l'Etat et le plus extrémiste dans les affaires nationales; et c'est sur ce terrain qu'il aime surtout à rivaliser avec les partis bourgeois. Il joue le rôle de garde-du-corps le plus fidèle de son ancien chef, Pilsudski, chaque fois qu'un parti bourgeois quelconque cherche à diminuer son autorité. En juin 1921, à l'heure du danger, au début de la grande offensive russe, il expédia Daszynski au pouvoir pour confirmer encore une fois l'union sacrée.

En tant que parti « socialiste », c'est-à-dire en tant que parti dont le devoir est de recruter ses membres dans les masses prolétariennes, le P. P. S. développa une activité intense dans tous les domaines. Il pénétra presque dans tous les conseils municipaux et prit part à l'administration des villes, tout particulièrement à Varsovie et à Lodz, où il forme le groupe le plus fort du Conseil Municipal. Il créa une grande presse quotidienne qui se sert en partie des imprimeries que le gouvernement lui afferme. Disposant d'un grand nombre de bureaucrates syndicaux formés en Galicie et profitant des persécutions auxquelles les dirigeants syndicaux communistes sont en butte, il prit d'abord en main la direction du mouvement syndical. Grâce à la collaboration des nombreux intellectuels qu'il compte dans ses rangs, il créa toute une série de sociétés de sport et d'éducation, il fit nommer ses hommes à de nombreux emplois administratifs et devint ainsi, pour ses partisans, un défenseur influent, partout présent, toujours prêt à leur venir en aide. Dans l'armée, dans le corps des officiers, à la police politique, qu'on appelle par euphémisme « la défensive », il a ses points d'appui. Les membres du P. P. S. fourmillent surtout dans cette dernière et ce n'est qu'à la fin de 1920 que le comité central du P. P. S. prit une résolution à la suite de laquelle toute participation à « la défensive » devait désormais être autorisée par le Comité Central du Parti.

La lutte du Parti Communiste contre une telle organisation politique n'était pas facile. Condamnés à une illégalité absolue, persécutés de la façon la plus dure, n'ayant qu'une base d'action limitée à l'extrême, les communistes étaient obligés d'entrer en bataille contre un parti, auquel le gouvernement et la bourgeoisie avaient accordé tous les privilèges, pour défendre l'âme ouvrière empoisonnée d'ailleurs au plus haut degré par une idéologie nationaliste. La lutte contre le P. P. S. fut menée dans trois directions. D'abord sur le terrain des principes concernant la contradiction entre la révolution sociale et la dictature, d'un côté, et la réforme du capitalisme et de la démocratie, de l'autre; ensuite, sur le terrain de la lutte contre l'union sacrée, contre l'esprit guerrier, contre le nationalisme; enfin, sur celui de la bataille pour les intérêts vitaux quotidiens des masses ouvrières que le P. P. S. trahissait systématiquement et vendait au patronat.

Les succès obtenus par le Parti Communiste dans cette bataille peuvent être mesurés d'abord par ses progrès surtout dans les syndicats, dans les coopératives et même dans les sociétés d'éducation et ensuite par le processus de décomposition intérieure du P. P. S. lui-même.

Déjà, en été 1919, un important groupe d'opposition s'était séparé du P. P. S., qui, au bout d'une année d'existence autonome, se rallia sans réserve au Parti Communiste. Ses anciens membres comptent en ce moment parmi les militants les plus dévoués du communisme.

En août 1920, une nouvelle opposition se forma au sein du P. P. S., sous la direction de ses membres les plus influents, tel Georges Sochacki, ancien secrétaire général du Parti.. Les membres de cette nouvelle « gauche » furent bientôt forcés d'abandonner le P. P. S., mais n'en restèrent pas moins en contact avec leurs camarades qui appartiennent encore au Parti : Le tract dans lequel ils exposent les raisons de leur départ est un acte d'accusation violent contre les dirigeants du P. P. S., traîtres au socialisme et à la classe ouvrière, et il eut un écho retentissant.

En avril 1921, le camarade Lancucki, député de Przemysl, cheminot, quitta le groupe parlementaire du P. P. S. et le Parti lui-même et se rallia publiquement au communisme. Sommé par le P. P. S. de déposer son mandat, il en appela à ses électeurs, ouvriers organisés de son arrondissement, qui lui exprimèrent, dans une réunion publique, leur confiance et leur solidarité.

Enfin, le *Robotnik* (*Ouvrier*), organe central du P. P. S., publia, en tête de son numéro du 9 juin 1921, une déclaration du Comité Central concernant une série de faits qui ont amené la suspension de tous les membres de la direction fédérale poznanienne. Il est plus qu'instructif de donner ici quelques extraits de ce document :

Depuis longtemps, les éléments communistes ont entrepris une action systématique et suivie pour détruire notre parti. Presque tous les jours paraissent des appels et des tracts qui portent des signatures diverses et qui tendent à mettre en danger la solidité intérieure de notre parti à l'aide de mensonges et de calomnies qui touchent certains membres ou bien l'ensemble de la direction de notre parti.

Tout ce travail, fait sur l'ordre de l'Internationale Communiste et alimenté par les fonds fournis par celle-ci (!), cherche à recommencer en Pologne ce qui a déjà plus ou moins réussi dans de nombreux pays de l'Europe occidentale, à savoir : A préparer une scission artificielle au sein du Parti socialiste, à l'affaiblir, à le démoraliser et, en même temps, à s'emparer du mouvement syndical et coopérateur. Les chefs communistes ont d'abord noué des relations avec certains membres du parti et essayé de créer, à l'intérieur même de notre organisation, quelques *noyaux*.

L'appel du Comité Exécutif Central du P. P. S. expose ensuite en détail le cas de l'organisation fédérale de Posen (Poznan) et accuse le président de la direction fédérale, le citoyen Czeslaw Porankiewicz (1) d'une série de « crimes », entre autres d'avoir publié, dans un journal du parti, dirigé par lui, quelques articles qui combattent ouvertement l'attitude du Parti et, en particulier, un article intitulé *La sanglante aventure* et dirigé contre l'insurrection nationaliste en Haute-Silésie. « La direction fédérale de Posen — ajoute l'appel — non seulement ne s'opposa pas au travail destructif de son président, mais encore se solidarisa avec lui ouvertement. »

L'organisation poznanienne n'était pas isolée : toute une série d'organisations locales de moindre importance furent dissoutes pour des crimes analogues.

Il n'est pas douteux que les opportunistes de gauche, quoiqu'en disent les dénonciateurs du Comité Central du P. P. S., sont loin d'être communistes dans le vrai sens du mot. Mais d'autre part il n'en est pas moins avéré qu'une partie du prolétariat, dupée jusqu'à présent par la bourgeoisie, cherche à se libérer

(1) Peu après, Porankiewicz fut arrêté à Poznan, ainsi que Sochacki qui, en juillet, pendant le congrès syndical auquel il assistait comme délégué du P. P. S., fut mis en état d'arrestation au moment où il quittait la salle du Congrès. En septembre 1922, Porankiewicz fut condamné à six ans de travaux forcés, pour ses sympathies communistes.

de ce joug honteux et se rapproche ainsi du communisme.

Au congrès du P. P. S., en juillet, l'opposition ne put se montrer. Le Comité Central avait su éloigner, au bon moment, grâce à une opération chirurgicale, tous les « membres malades » du Parti. « Les destructeurs du Parti sont restés en dehors de cette enceinte », a pu déclarer, plus cyniquement que fièrement, Daszynski.

Cependant, il y eut quand même au Congrès une droite et une gauche qui, en apparence, luttèrent chaudement l'une contre l'autre; mais les chefs de *cette* « gauche » sont fermement décidés à marcher, quoi qu'il arrive, avec Daszynski. Ainsi, ce fut l'un d'eux, Zaremba, qui proposa de passer à l'ordre du jour sur la motion de la fédération poznanienne contre sa suspension.

Toutefois la formation d'une nouvelle « gauche » au sein du P. P. S., d'une gauche qui demande l'adhésion du Parti à l'Internationale II 1/2, est un symptôme de fermentation parmi les ouvriers. En effet, cette « gauche » compte le plus grand nombre de ses partisans dans les centres prolétariens de la Pologne du Congrès (la majorité de l'organisation de Lodz).

Par contre, la décision prise dans ce congrès de quitter la IIe Internationale n'est nullement la conséquence d'une radicalisation du P. P. S., mais de son extrême nationalisme qui lui rend en général impossible toute adhésion à une « Internationale » quelle qu'elle soit. La sortie de la IIe Internationale fut votée grâce aux voix des ultra-nationalistes de la Haute-Silésie qui ne veulent pas rester dans la même organisation « internationale » que Scheidemann et Hoersing (1).

(1) Tous les deux — adversaires résolus de la réunion de la Haute-Silésie à la Pologne. (N. du Tr.)

Nous parlerons, dans le chapitre VII, d'un autre phénomène qui conduisit provisoirement à la formation d'un « centre » particulier dans le mouvement ouvrier et qui témoigne aussi de la décomposition du P. P. S. Le P. P. S. est loin d'être mort, et les communistes auront encore à mener contre lui de durs combats. Mais en tant que parti *révolutionnaire*, sa cause est jugée dans la conscience des larges masses ouvrières, malgré les traditions de sa lutte glorieuse contre le tsarisme, traditions qu'on cherche toujours à réchauffer. L'évolution qui rend la classe ouvrière de plus en plus révolutionnaire et qui l'arrache à l'influence de la bourgeoisie, affaiblit aussi de plus en plus le Parti Socialiste Polonais en tant que *parti ouvrier* (1).

---

(1) Il est nécessaire de mentionner ici la lutte que le communisme est obligé de mener parmi les ouvriers juifs contre l'opportunisme et le nationalisme. De même qu'ils luttent contre le P. P. S. pour l'âme de l'ouvrier polonais, les communistes combattent pareillement pour celle de l'ouvrier juif contre le *Bund* nationaliste-menchéviste et contre une organisation particulière qui porte le nom de *Poale Zion*.

Dans le *Bund*, qui a encore derrière lui la majorité du prolétariat juif organisé, nous assistons à un processus de différenciation, qui est loin encore d'être terminé. La gauche prolétarienne a de grandes sympathies pour l'Internationale Communiste, mais elle n'a pas su encore se débarrasser des préjugés nationalistes et elle n'a pas eu le courage d'entreprendre une lutte véritable contre les chefs centristes; elle voudrait bien, pour sauver la chère unité, entraîner avec elle dans l'Internationale Communiste ces centristes déterminés et les adversaires des communistes. Tout en critiquant sans ménagement l'attitude hésitante de la gauche, les communistes demandent cependant l'adhésion de tous les éléments véritablement communistes du *Bund* avec lesquels ils veulent travailler la main dans la main, pour amener la scission du *Bund* et la réunion de la gauche, vraiment communiste, avec le Parti Communiste. En attendant, l'influence du Parti Communiste lui-même grandit considérablement dans les masses ouvrières juives; il fait des progrès dans les syndicats, et ses publications en

VI

LA POLOGNE APRES LA GUERRE

La domination de Pilsudski et de sa clique militariste et aventurière est un produit spécifique de la *décomposition économique* de la Pologne. Cette décomposition a entraîné, en grande partie, la déchéance des cercles dirigeants de la bourgeoisie de leur rôle d'organisateurs de la production et des échanges. En même temps, ces cercles ont perdu leur influence dans les milieux paysans, petits-bourgeois et intellectuels. Ce sont les paysans qui se sont surtout débarrassés du joug de la dictature et de la tutelle bourgeoises, en partie sous la pression de la Révolution Russe, en partie grâce à leur indépendance économique à l'égard des villes appauvries.

Dans l'hiver de 1918-1919, au moment où la vague révolutionnaire montait dans la classe ouvrière sous l'influence de la Révolution en Russie et en Allemagne, la bourgeoisie polonaise n'osa pas mettre tout de suite la main sur le pouvoir. D'autre part, la classe ouvrière n'était pas encore mûre pour établir sa dictature, une grande partie ayant été détournée de la lutte de classe par la folie nationaliste et soumise à l'influence de la petite bourgeoisie. Il arriva ainsi que le nationaliste radical, Pilsudski, s'empara du pouvoir.

Par sa phraséologie démocratique-radicale, il donna satisfaction à la faim de terre des paysans, ainsi qu'à leur haine traditionnelle des hobereaux, et il séduisit

---

langue juive pénètrent dans tous les coins du pays. (Le Comité du Parti Communiste chargé de la propagande en langue juive est en relations avec 47 localités.)

une partie du prolétariat ouvrier. Par ses plans de campagnes militaires insensés contre « le Moscovite », en vue de fonder une Grande Pologne, il ouvrit de larges perspectives à la folie des grandeurs de la petite-bourgeoisie, enivrée du miracle « de la reconstitution polonaise, ainsi qu'à l'avidité d'une bureaucratie nouveau-née et du corps des officiers. Tous les gouvernements qui se sont suivis, aussi bien le ministère « socialiste » de Moraczewski, que les cabinets « de coalition » de Paderewski, de Skulski et même de Witos, n'étaient au fond que les truchements de Pilsudski et de sa clique.

Cette domination de Pilsudski signifiait la guerre à l'extérieur et le règne des couches parasitaires de la petite bourgeoisie à l'intérieur. Les finances d'Etat se basaient sur de larges émissions de papier-monnaie, la vie économique était soumise à une réglementation bureaucratique qui devait donner l'illusion d'une assistance sociale à la population pauvre, mais qui n'était qu'une caricature de l'organisation économique de guerre allemande. C'est sur ce sol ainsi préparé que fleurirent en toute beauté la spéculation et la corruption. Le parlement polonais, le *Sejm* (1), sans aucune majorité stable, sans aucune influence sur la politique personnelle de Pilsudski, reflétait l'impuissance des classes possédantes polonaises. Son seul acte positif fut le vote, à une voix de majorité, de la loi sur la réforme agraire, qui ne fut pas appliquée et qui, d'ailleurs, n'est pas applicable. On n'obtenait au Sejm une forte majorité que lorsqu'il s'agissait de voter de nouvelles mesures de répression contre le prolétariat ou bien des dépenses nouvelles pour le militarisme.

La politique d'aventures de Pilsudski devait se terminer par une catastrophe. Cette catastrophe eut lieu

(1) Lire : Seïm. (N. du Tr.)

en été 1920 à la suite de l'entreprise de Kiew et conduisit la Pologne bourgeoise au bord d'un abîme. Elle fut sauvée par l'Entente. L'appui donné par celle-ci ne s'est pas exprimé uniquement par l'envoi de munitions et par les conseils du général Weygand; l'appui moral unanime de l'Europe capitaliste a été d'un poids autrement grand : il insuffla le courage à la bourgeoisie polonaise, il éveilla son énergie, la rendit apte à créer une armée de volontaires et à établir dans le pays un régime de terreur implacable.

Mais en dépit du « miracle de la Vistule », en dépit de ce revirement de fortune guerrière et des résultats obtenus par le traité de Riga, le bilan de la politique guerrière de Pilsudski est *catastrophique*. Au point de vue extérieur, Pilsudski a dû abandonner son rêve orgueilleux d'une politique de main libre. A Spa (juillet 1920), la Pologne s'engagea à reconnaître la décision de l'Entente dans les questions de Teschen (Cieszyn), de Wilno et de la Galicie Orientale; et cette décision ne fut pas favorable à la Pologne. A l'intérieur, la Pologne présentait une image de la misère : le cours du mark polonais tombait de jour en jour. La circulation fiduciaire monta de 5 milliards, au 1er janvier 1920, à 46 milliards au 1er janvier 1921; la cherté de vie augmenta huit fois dans le courant de la même année. Les recettes budgétaires ne couvrirent même pas 26 0/0 des dépenses. La situation devint intenable pour la bourgeoisie qui avait réussi déjà à se renforcer (1).

Elle était obligée de tenter un effort pour fortifier la base de l'économie dont elle tirait ses profits, pour

(1) En août 1922, la circulation fiduciaire a atteint environ 400 milliards. Le cours du mark a subi une baisse considérable : le franc français, qui valait environ 3 marks en été 1919, en valait 5 à 600 en septembre 1922. La cherté de la vie continue à augmenter dans des proportions effrayantes. Aucun budget ne peut être établi d'une façon sérieuse. (N. du Tr.)

arracher le pouvoir de mains irresponsables et aventurières et pour créer une situation qui, de nouveau, lui assurât la direction des affaires d'Etat, ainsi que cela lui était dû.

En effet, en automne 1920, une offensive résolue de la bourgeoisie commença sur tout le front. La situation était favorable pour elle. L'échec de l'aventure de Kiew avait porté un coup dur à l'autorité de Pilsudski dans les larges couches de la petite-bourgeoisie; les riches paysans eux-mêmes étaient de moins en moins enclins à laisser carte blanche au chef de l'Etat pour ses entreprises belliqueuses. C'est pour cette raison que la bourgeoisie et son représentant le plus clairvoyant, le parti national-démocrate dirigé par M. Dmowski, avaient pu enregistrer d'abord une série de succès.

Dans le domaine de la politique étrangère, Pilsudski fut obligé, réalisant le programme de Dmowski, de venir à Paris et d'y signer une convention militaire qui soumet l'armée polonaise au commandement du ministère de la guerre français et des instructeurs militaires français. Ainsi il fut privé du plus ferme soutien de son pouvoir absolu. A l'intérieur, la loi constitutionnelle votée par le Sejm, après deux ans de discussion, constitue un nouvel affaiblissement de Pilsudski. L'élection du président de la République par la voie d'un plébiscite fut repoussée et l'on retira au président le commandement des armées du pays. A cette occasion, la droite trouva un appui auprès d'une fraction des partis petits-bourgeois et des paysans. En ce qui concerne l'économie nationale, l'homme de la finance, le ministre du Trésor, Steczkowski, développa un programme dans lequel il avait inscrit le mot d'ordre : *A bas l'étatisme, vive la liberté du commerce!* — et il fut approuvé unanimement par la bourgeoisie et par les partis paysans. On commença à abandonner la politique des défenses d'exportation, de la réglementation des prix, de la diminution du coût de la vie. Le ministère de l'approvisionnement fut liquidé, la livraison obligatoire d'un certain contingent de blé par les producteurs supprimée, le commerce libre institué. En même temps que furent prises ces mesures dirigées indirectement contre les moyens d'existence de la classe ouvrière et des salariés en général, les hobereaux et les industriels passèrent à une attaque directe. Les grandes unions patronales firent savoir qu'elles n'entendaient plus augmenter les salaires proportionnellement aux progrès du renchérissement de la vie. Le gouvernement les avait devancées sous ce rapport en cessant, en décembre 1920, d'appliquer l'échelle mobile des salaires aux cheminots et en introduisant des règlements nouveaux en vue d'intensifier le travail dans les ateliers. On soumit au Sejm un projet de loi sur l'arbitrage obligatoire dans les conflits ouvriers et on procéda à la mise en vigueur d'une loi d'*impôt sur les salaires,* votée depuis longtemps, mais non appliquée encore. Les paysans riches marchèrent la main dans la main avec la bourgeoisie dans cette offensive dirigée contre les travailleurs. Cette solidarité trouva son expression lors de la grève des cheminots, quand le gouvernement du riche paysan Witos prit les mesures les plus sévères contre les grévistes et étouffa dans l'œuf une grève agricole imminente.

Cependant le capital industriel et financier ne peut rester les bras croisés. Si le régime capitaliste doit refleurir en Pologne, si l'on veut attirer dans le pays le capital étranger, si la Pologne veut jouir de l'estime et du crédit à la Bourse et dans la politique internationale, il faut garantir l'inviolabilité de la propriété privée et ensuite fonder solidement les finances d'Etat. Mais tout cela ne signifie qu'une chose : *la lutte contre les paysans* (1).

(1) Le ministre Nowak se propose (septembre 1922) d'augmenter de 20 fois l'impôt sur les terres. (N. du Tr.)

Les paysans ne payent presque pas d'impôts en Pologne. En 1920, la totalité de l'impôt foncier ne rapporta au Trésor que 33 millions de marks polonais (la valeur de mille tonnes de blé), tandis que les dépenses de l'Etat se chiffraient à environ 100 milliards. Les paysans *ne souscrirent pas* aux emprunts de guerre, ils ne fournirent pas de volontaires à l'armée en juillet 1920. Ils ont envers l'Etat une politique de classe égoïste et étroite qui repousse tout sacrifice pour les intérêts nationaux d'ordre général. Mais ils menacèrent, avec la loi sur la réforme agraire, la partie forte, capitaliste, des hobereaux. Les paysans qui marchent volontiers avec les hobereaux et avec le capital industriel et financier quand il s'agit d'une lutte contre les ouvriers ou contre « l'étatisme », ne veulent pas cependant payer les impôts et désirent obliger les gros propriétaires du sol à vendre leurs terres aux prix doux. Et, avant tout, le parti paysan dirigeant ne veut pas lâcher l'appareil de l'Etat qui lui rapporte de gros profits matériels et qui doit lui rendre les plus grands services pendant les élections.

La lutte des paysans contre les milieux dirigeants de la classe capitaliste devint inévitable. De ce combat ce sont les paysans qui sortirent victorieux. Le gouvernement Witos fut un gouvernement paysan pur. L'offensive de la bourgeoisie pour s'emparer du pouvoir fut arrêtée net.

Depuis deux ans (1), les rapports entre les forces politiques au pouvoir ont changé en ce sens que la petite bourgeoisie radicale a été repoussée à l'arrière-plan par les paysans. Les couches parasitaires furent éloignées du gouvernail de l'Etat par les paysans riches et moyens qui constituent un élément social certes producteur, mais économiquement réactionnaire et entra-

(1) Ceci fut écrit en été 1921. (N. du Tr.)

vant la reconstruction capitaliste. Pilsudski a perdu une grande partie de son pouvoir, mais il ne sera pas renversé aussi longtemps que le compromis entre la bourgeoisie et la paysannerie riche n'aura pas abouti, c'est-à-dire pas avant les élections législatives prochaines.

La campagne polonaise est surpeuplée. L'industrie ruinée n'absorbe pas suffisamment le surcroît de la population. Dans ces conditions, la faim de terre avait augmenté considérablement parmi les paysans (surtout en Galicie où le sol est très divisé) et elle trouva son expression dans la réforme agraire. Mais il apparut depuis que cette « réforme », qui a été adoptée à *une* voix de majorité, ne correspondait pas aux intérêts des paysans plus riches, qu'elle avait établi un minimum trop bas pour la surface des lots et que même elle n'était pas applicable, la plupart des candidats ne disposant ni du matériel, ni des fonds de roulement nécessaires pour fonder une exploitation agricole. Comme il n'y a pas en Pologne assez de terres pour tous les paysans (la densité de la population en Pologne est de 100 habitants par kilomètre carré), il est naturel que les paysans riches aient perdu intérêt à la mise en vigueur de cette réforme égalitaire et cherchent, au contraire, à tourner la loi et à acheter librement la terre pour eux et pour leurs fils. Plusieurs fois déjà des pourparlers non officiels ont été commencés entre le parti paysan le plus puissant et les représentants des hobereaux et du capital financier afin d'arriver à un accord sur une politique « raisonnable » de parcellement de la terre; mais ils n'ont donné jusqu'à présent aucun résultat.

D'autre part, les lenteurs de l'application de la réforme agraire et l'attitude de plus en plus insolente des hobereaux provoquent un mécontentement dans les milieux des paysans pauvres. Les partis paysans radicaux voient grandir leur influence (le parti Stapinski, en Galicie, le parti de « l'Affranchissement » dans le Royaume du Congrès). Mais le processus de différenciation fait des progrès encore plus grands. En Pologne méridionale, une fermentation se fait jour parmi les paysans les plus pauvres; elle trouva son expression dans le fait que le député Dombal, qui déjà en été 1920 s'était prononcé au Sejm contre la guerre, donna publiquement son adhésion au communisme.

Un revirement se produit aussi dans les rangs des petits-bourgeois. L'ivresse des premiers mois de l'indépendance polonaise, où l'on croyait voir les cieux entr'ouverts, est passée; on se réveille avec la « gueule de bois ». Il y a deux ans, l'Entente apparaissait comme l'amie la plus fidèle de la Pologne; aujourd'hui chaque petit-bourgeois bougonne contre « la trahison » de l'Angleterre et de l'Italie, contre l'indifférence de l'Amérique, contre l'amitié peu sûre et intéressée de la France. Il est pris de peur devant le fardeau des dettes que la guerre a imposées à la Pologne, et il voit avec consternation les richesses naturelles polonaises séquestrées par les « amis » étrangers.

Dans les milieux de fonctionnaires, d'employés, d'intellectuels, on voit le radicalisme faire des progrès, radicalisme qui non seulement correspond à un réveil de la conscience de classe, mais qui représente encore une réaction idéologique contre la ruine des rêves d'une « Pologne démocratique ».

Les rêveurs démocrates ne sont pas les seuls qui soient revenus de leurs erreurs. Il n'existe presque pas de groupement social en Pologne qui ne pleure ses illusions perdues. Le plan de Pilsudski, qui consistait à briser la Russie et à faire de la Pologne une grande puissance, grâce à l'annexion de l'Ukraine, de la Lithuanie et de la Russie Blanche, s'est révélé comme une utopie ridicule. Mais aussi illusoire apparaît aujourd'hui le plan « raisonnable ». du parti Dmowski qui veut créer une Pologne libre et puissante en la soumettant aveuglément à la France.

Certes, la Pologne, en tant qu'Etat capitaliste, fut sauvée par l'Entente, mais en même temps elle fut humiliée par elle et trompée dans ses espérances sur Teschen, Dantzig et Wilna (1). Si la Haute-Silésie, à laquelle se rattachent actuellement (1921) les derniers espoirs de la reconstruction économique, ne revient pas non plus à la Pologne, la politique d'alliance étroite avec la France, politique qui ravale la Pologne au niveau d'une colonie militaire française et qui remplace son aventurisme malheureux par une participation à la politique d'aventures impérialistes de la France, recevrait un coup mortel. Car la politique « française » n'apporta pas non plus à la Pologne l'aide financière espérée, et pendant que les finances polonaises sombrent de jour en jour, les richesses naturelles du pays, le pétrole, le charbon, le fer, le sucre, passent dans les mains des capitalistes français (2).

Deux ans et demi d' « indépendance » polonaise amenèrent la faillite de tous les programmes bourgeois ont amené la faillite de tous les programmes bourgeois des paysans » (3), démocratie, parlement, réforme

---

(1) Quant à Wilna, la Pologne a su passer outre aux décisions de l'Entente. Ayant fait occuper la ville et la province de Wilna par les troupes du général « révolté » Zeligowski, elle y organisa, en janvier 1922, un plébiscite à la suite duquel elle annexa ce pays. (N. du Tr.)

(2) En ce qui concerne la Haute-Silésie, les espoirs polonais n'ont pas été complètement déçus. A la suite d'un plébiscite et grâce à l'appui du ministère Briand, une grande partie de cette province fut rattachée à la Pologne qui entre ainsi en possession des riches charbonnages et des nombreux établissements industriels haut-silésiens. (N. du Tr.)

(3) C'est le nom que se donnait le cabinet Moraczewski. (N. du Tr.)

agraire, alliance avec la France, libération des peuples limitrophes et leur fédération, tout cela ne se révéla à l'épreuve que comme duperie ou illusion. L'expérience des dernières années n'est pas perdue pour la classe ouvrière polonaise. Elle a vu s'envoler, à son tour, beaucoup de ses illusions. La foi en Pilsudski, répandue jadis dans ses rangs, a disparu. L'ordre donné par Pilsudski, en février 1921, de tirer contre les grévistes, lui porta le coup de grâce, même dans les rangs des ouvriers affiliés au P. P. S. La croyance, d'après laquelle le régime socialiste pourrait être réalisé par la voie des réformes démocratiques, est profondément ébranlée. Et ce qui est plus important encore, la griserie patriotique a cessé. Très peu d'ouvriers ont participé aux manifestations en l'honneur de la Haute-Silésie, en mars et mai 1921, et lors de l'insurrection silésienne elle-même, 30.000 ouvriers du bassin voisin, celui de Dombrowa, proclamèrent une grève politique malgré toutes les adjurations et malédictions des patriotes.

Il n'y a pas que des changements d'ordre spirituel qui se font jour dans le prolétariat. Si la bourgeoisie s'est fortifiée en Pologne, dans le courant des deux dernières années, ayant repris, bien que dans des proportions encore restreintes, la production; si elle a réussi à se consolider nationalement, grâce à la reprise de la production, et à créer ses propres partis politiques, les mêmes faits s'aperçoivent, dans une mesure plus grande encore, dans le prolétariat. Ce dernier, par rapport à l'année 1919, est devenu beaucoup plus nombreux et mieux organisé.

La totalité des ouvriers employés dans la grande industrie atteint 60 0/0 de ceux d'avant-guerre. S'efforçant de remettre sur pied l'industrie, la bourgeoisie réunit en même temps le prolétariat. Les organisations prolétariennes ont su vaincre en grande partie leur particularisme provincial. La plupart des syndicats sont déjà centralisés et englobent le territoire national tout entier. Les organisations adhérant à la Centrale des syndicats libres comptent 700.000 membres, dont 60.000 à Varsovie; 400.000 ouvriers (dont 300.000 en Posnanie et dans la Prusse occidentale) appartiennent aux syndicats « nationaux » et 100.000 environ aux organisations juives.

Le mouvement ouvrier devient de plus en plus uni et embrasse le pays tout entier. Ainsi la grève de protestation dirigée contre la militarisation des cheminots, en février, fut, depuis la fondation de la Pologne, le premier mouvement politique qui ait réuni le prolétariat des trois anciennes Pologne.

L'offensive entreprise par le capital après la guerre, les tentatives de la bourgeoisie pour reconstituer les bases de son pouvoir et renforcer l'exploitation des ouvriers, créent au prolétariat une situation nouvelle. La coquetterie à l'égard des ouvriers, qui était nécessaire pendant la guerre, cesse peu à peu, et les social-patriotes, qui avaient pu avec un certain succès jouer le rôle d'entremetteurs entre le capital et le gouvernement d'un côté et la classe ouvrière de l'autre, ont actuellement moins d'occasions qu'auparavant pour intervenir en médiateurs, les capitalistes ayant tourné le dos aux intermédiaires. La faillite évidente de la tactique de compromis trouve aussi son expression dans l'idéologie des ouvriers.

« Le Parti Ouvrier National », organisation éminemment petit-bourgeoise et nationaliste, qui a derrière elle la majorité des ouvriers dans la province de Poznan et dans la Prusse occidentale, subit un processus de radicalisation frappant; on a déjà tenté de changer le nom du parti en celui du « Parti National Socialiste ». La décomposition du P. P. S. se poursuit; nous l'avons exposée dans le chapitre précédent. Le Parti Communiste qui, en 1919, n'existait qu'en Pologne du Congrès, pénètre en Galicie et en Posnanie. Dès 1921, il avait toute une série de groupements en Galicie et il prenait pied solidement en Posnanie et en Prusse occidentale.

Les ouvriers sont forcés d'accepter le combat et ils l'acceptent. La première moitié de 1921 a vu des batailles d'une envergure, d'une force et d'un acharnement tels que la Pologne n'en avait pas connus depuis deux ans.

L'évolution révolutionnaire du mouvement ouvrier, commencée au printemps de 1920 et interrompue par la terreur blanche aiguë, imprime son cachet à la situation en Pologne.

Cette évolution place le Parti Communiste Polonais devant des problèmes nouveaux et importants.

VII

NOUVEAUX COMBATS TACHES NOUVELLES

La terreur blanche ne brisa pas le parti. Certes, après l'offensive de l'été 1920, les organisations communistes sur la rive droite, peu industrielle, de la Vistule, furent anéanties, mais les vrais centres communistes : Varsovie, Lodz, le bassin minier, restèrent debout, malgré toutes les persécutions. Déjà, en octobre, le parti entra ouvertement en action à Varsovie et dans le bassin de Dombrowa, en transformant les manifestations du P. P. S. contre le Sénat en manifestations contre le parlement et contre le gouvernement en général.

A cette époque, après la signature d'un traité de paix provisoire avec la Russie des Soviets, apparurent les premiers signes d'une nouvelle période de lutte. A la fin du mois d'octobre, sans avis et sans préparation, les cheminots déclenchèrent une grève dans tout le royaume du Congrès. Pendant des mois entiers, ils avaient été leurrés par le gouvernement, trompés sur la fourniture des denrées alimentaires, dupés par les bureaux de leurs syndicats; leur grève fut un acte de désespoir. Elle ne dura que deux jours, le gouvernement surpris ayant fait aussitôt des concessions en paroles, et la direction des syndicats, dominée par les chefs du P. P. S., ayant demandé à ses adhérents de reprendre le travail sans attendre la réalisation des promesses gouvernementales. Le Parti Communiste n'avait pas organisé la grève, mais les communistes se trouvèrent partout à sa tête.

La grève terminée, le mouvement ne s'arrêta point. Le gouvernement qui, juste à ce moment, avait entrepris contre la classe ouvrière une politique « d'économie », « de fermeté », d'intensification du travail, de suppression des approvisionnements aux ouvriers et aux employés, n'accomplit aucune des promesses faites aux grévistes.

Au contraire : l'échelle mobile des salaires, malgré la cherté croissante de la vie, ne fut plus appliquée à partir du mois de novembre; les droits syndicaux furent diminués, de nombreux cheminots révoqués et arrêtés pour participation à la grève. Au congrès des cheminots à Lwow, en novembre, pour la première fois se forma une forte *fraction rouge* qui comptait 44 délégués sur 250. Le Congrès fut d'une importance capitale pour la diffusion du communisme en Galicie et en Posnanie.

Le Parti, s'étant rendu compte que l'attaque du gouvernement contre les cheminots n'était qu'une préface à une offensive générale contre le prolétariat, fit tous ses efforts non seulement pour organiser la résistance des travailleurs des voies ferrées, mais encore pour préparer le prolétariat entier à la lutte. Une campagne énergique menée parmi les cheminots, en décembre et en janvier, dévoila les manœuvres et la trahison de la direction syndicale opportuniste qui, malgré le mandat impératif reçu du congrès, malgré le cynisme avec lequel le gouvernement avait renié ses engagements, n'avait pas déclenché la grève générale des chemins de fer. Les sections de l'union syndicale des cheminots, avec les ateliers de Varsovie à leur tête, qui avaient exprimé leur méfiance à l'égard de la direction syndicale, se réunirent ensemble et nommèrent un comité de grève illégal qui proclama, le 8 février, la grève, et posa à la tête de ses revendications la libération de tous les prisonniers politiques. Au bout de quelques jours, il n'y avait encore que les travailleurs de Varsovie qui eussent commencé la grève; les autres centres, sous la pression de la direction syndicale et des mesures sévères prises par le gouvernement, ne s'étaient pas joints au mouvement. Mais les ouvriers des ateliers des chemins de fer à Varsovie tinrent bon, malgré les attaques et les provocations de l'administration syndicale et du P. P. S.; ils furent soutenus par tous les travailleurs de Varsovie, qui avaient transformé la réunion publique, convoquée par la centrale syndicale jaune, en un tribunal populaire jugeant l'administration syndicale et le P. P. S., et en une grande manifestation en faveur des grévistes. Au bout de dix-sept jours, sous l'impression des poursuites dirigées contre les ouvriers, les mécaniciens de Varsovie se joignirent à la grève en exigeant la libération des détenus.

L'entrée en lutte des mécaniciens constitua le point tournant du mouvement : la grève des chemins de fer se propagea avec la rapidité de l'éclair dans le pays entier, et l'administration syndicale se trouva complètement isolée. Le gouvernement répondit par la *militarisation des chemins de fer* et proclama que la *participation à la grève serait punie de mort.*

Il fit un faux calcul; l'ensemble de la classe ouvrière se leva pour la défense de ses droits élémentaires. Le Parti Communiste proclama la grève générale avec le mot d'ordre : *contre la terreur blanche, pour le droit de grève, pour la libération des emprisonnés, pour la liberté politique*. La centrale syndicale, devant l'attitude unanime des ouvriers, fut obligée à son tour de proclamer une grève de protestation, mais limitée à deux jours, et elle s'empressa d'adjurer les ouvriers agricoles de *ne pas se joindre* au mouvement. Le P. P. S. était forcé de soutenir, en grinçant des dents, cette grève de protestation; mais il ne le fit que pour trahir les ouvriers en lutte le deuxième jour et pour leur demander de reprendre le travail. La grève avait touché la Pologne du Congrès et la Galicie; mais elle éveilla un écho sympathique en Posnanie, où quelques manifestations eurent lieu en sa faveur. C'est Varsovie qui mena la bataille.

Ici la direction entière du mouvement se trouva entre les mains des communistes. Le deuxième jour de la grève, ils réussirent à organiser une petite démonstration dans les rues de la capitale; le troisième jour, des milliers de travailleurs descendirent déjà, sous leur direction, dans la rue, brisèrent quelques cordons de police et ne furent dispersés que par une attaque de la police montée. Les briseurs de grève bourgeois furent rossés par les grévistes. Un esprit nouveau soufflait. La tournure, si significative pour la bourgeoisie et ses valets, que prenaient les événements, engagea alors la centrale syndicale à recourir, de son côté, à tous les moyens pour liquider le mouvement. En face de la déclaration mensongère de la centrale et du P. P. S., suivant laquelle le gouvernement aurait promis d'abandonner la militarisation des voies ferrées, et en face de leur appel à la cessation de la grève, les communistes, privés de toute organisation légale, n'étaient pas en mesure de démasquer immédiatement le mensonge et de pousser les masses à continuer la bataille. C'est pour cette raison qu'ils firent appel, le quatrième jour, aux ouvriers de certaines usines et des ateliers des chemins de fer, les plus révolutionnaires, et qui seuls continuaient à faire grève pour reprendre le travail; mais le Parti Communiste profita en même temps de l'occasion pour stigmatiser la trahison infâme des valets de la bourgeoisie et pour commencer une campagne contre le P. P. S. et contre la direction syndicale. Cette campagne eut partout un très grand succès, et en particulier parmi les cheminots ainsi qu'en Galicie, et accrut l'influence des communistes.

Il est utile de donner quelques indications sur le côté technique de la participation communiste à la grève des cheminots et à la grève générale. Du 8 février au 5 mars, l'organisation communiste *illégale* publia et distribua une vingtaine de manifestes et de tracts différents, au nombre de 200.000 exemplaires, dont 6 bulletins et 6 appels du comité de grève des cheminots, qui ne disposait d'aucune organisation à lui.

Après la grève générale qui avait au plus haut point surpris et effrayé la bourgeoisie, tout en insufflant un courage nouveau à la classe ouvrière, malgré son issue peu satisfaisante, une vive discussion s'institua au sein du parti au sujet de l'opportunité des revendications partielles. Les thèses tactiques votées à l'unanimité par la conférence du parti, au début de mai, firent l'objet de ce débat. Elles se plaçaient au point de vue qui fut adopté ensuite par le IIIe Congrès de l'Internationale. Le parti reconnut dans les actions de masse qui ont, comme point de départ, des revendications partielles, un levier puissant de la révolution. Il reconnut comme de son devoir de provoquer des actions pour les revendications partielles qui correspondent aux besoins vitaux de la classe ouvrière, de les encourager et d'en développer tous les éléments révolutionnaires afin de transformer, le cas échéant, ces mouvements partiels en un combat pour la prise du pouvoir. Les communistes assignèrent au parti comme sa tâche de coordonner les revendications des groupes et des fractions diverses de la classe ouvrière et de poser à son tour les revendications susceptibles d'unir toute la classe ouvrière dans la lutte commune.

La bataille contre la terreur, pour la libération des emprisonnés, pour la liberté du mouvement ouvrier, fut continuée par le Parti Communiste après l'échec de la grève générale. Au début de mai 1921, après la ratification du traité de Riga, le gouvernement se vit obligé de lever l'état de siège. Mais, il va de soi, cette mesure ne signifiait nullement l'abrogation des articles du code criminel, qui punissent la propagande communiste et le fait même d'appartenir au Parti Communiste; toutefois, elle élargissait le cadre des « possibilités légales ».

Au commencement du mois de mai, les communistes entamèrent une campagne contre l'impôt sur les salaires, qui avait révolté la classe ouvrière au plus haut point, mais qui était défendu en principe par les chefs du P. P. S., sous le prétexte patriotique que les ouvriers, en tant que citoyens, ont le devoir de contribuer à l'entretien de l'Etat. La campagne n'avait pas encore touché le pays tout entier, lorsque *les mineurs* du pays noir mirent le mot d'ordre communiste en action et entrèrent en grève. Et pendant que de l'autre côté de la frontière grondait la révolte haut-silésienne, les ouvriers luttaient, de ce côté-ci, sous la direction des communistes, contre le gouvernement. La grève, malgré la contre-action la plus vive de la part de la direction syndicale et du P. P. S., dura plus de quinze jours. La dernière réunion des grévistes qui, en présence de la carence des autres régions industrielles, décida la cessation provisoire de la grève, fut cernée par la police : six ouvriers furent tués et une cinquantaine blessés. Le Parti n'abandonna pas la lutte contre l'impôt sur les salaires, qui éveillait la sympathie même des ouvriers les plus arriérés.

Une campagne pareille à celle qui avait été menée parmi les cheminots devait commencer aussi, au printemps, parmi les ouvriers agricoles que les hobereaux cherchaient à frustrer de toutes leurs conquêtes anciennes. Mais, sur ce terrain, l'organisation communiste, affaiblie par les pertes subies lors du mouvement de l'été précédent, n'était pas en mesure de déclencher même un mouvement local, d'entraîner d'autres districts et de faire la loi à la direction syndicale. Elle dut se borner à faire de la propagande et à démasquer les chefs syndicaux qui désarmaient et énervaient les ouvriers et étouffaient toute opposition, à l'intérieur du syndicat.

Le 1er Mai devint cette année-ci (1921) un jour de bataille, le gouvernement ayant interdit toute manifestation communiste alors que le Parti avait décidé partout des manifestations indépendantes. Toutes les fractions syndicales rouges et les syndicats en majorité rouges, toutes les organisations culturelles et éducatives qui sympathisent avec le Parti, se joignirent aux manifestants communistes. A Varsovie, à Lodz et dans le bassin minier, des rencontres violentes eurent lieu entre les manifestants et les troupes de police qui chargèrent les cortèges qui, chaque fois, se reformaient à nouveau, et arrêtèrent des centaines de manifestants. Les masses communistes parcoururent les rues pendant des heures, brisant les cordons de police, pendant que les cortèges du P. P. S., musique en tête et sous la protection de la police, poursuivaient leur promenade pacifique. Ce contraste servit de leçon aux masses.

La lutte de classe devint beaucoup plus âpre en juin

et en juillet, une vague de cherté de vie terrible ayant obligé les ouvriers, malgré une conjoncture défavorable, à entreprendre une lutte pour les salaires. Les grèves eurent un caractère violent et furent accompagnées de démonstrations dans les rues. Les organisations ouvrières arriérées, telles que les syndicats chrétiens, furent entraînées dans le mouvement.

Cette évolution qui crée une atmosphère propice pour des conflits révolutionnaires sérieux, force les agents de la bourgeoisie d'employer tous les moyens pour empêcher les communistes d'exercer leur influence sur le mouvement, au point de vue organisation et idéologie. Ils décidèrent donc, fin avril, de « nettoyer » les organisations ouvrières des communistes. Ce fut la Centrale syndicale jaune qui commença en donnant l'ordre à tous les syndicats de mettre à la porte « les noyauteurs » et « les perturbateurs moscovites » et en leur interdisant toute collaboration avec le Parti Communiste. Les communistes relevèrent le gant. Le 1er Mai, comme nous l'avons dit plus haut, toutes les sections et groupements syndicaux rouges, malgré l'interdiction de leur organe central, se joignirent avec leurs bannières aux cortèges communistes.

Dans tous les syndicats dont la direction est dominée par le P. P. S., une lutte s'engage autour de la décision de la centrale. Certaines mesures prises, au syndicat des métaux par exemple, avaient servi aux communistes de point de départ pour une campagne de protestation qui fut menée dans les usines avec le meilleur résultat.

La même lutte commença dans les coopératives et fut menée dans d'autres organisations.

L'initiative prise par les jaunes eut un résultat inattendu. Aussi bien dans les syndicats que dans les coopératives, se formèrent des groupes de « sans parti » qui, jusqu'à ce moment, avaient obéi aux ordres du P. P. S., mais qui se tournèrent maintenant contre sa dictature, et, en particulier, votèrent contre l'exclusion des communistes.

La deuxième conférence du Parti, qui s'était réunie au milieu du mois de février, indiqua comme une des tâches principales du Parti la propagande parmi les *paysans pauvres*. Les événements de l'été de 1920 avaient montré au Parti l'importance que le mouvement des paysans pauvres avait pour la révolution polonaise. La faillite évidente de la réforme agraire, la politique égoïste des paysans riches donnent à l'agitation communiste le meilleur aliment et poussent tous les éléments révolutionnaires paysans dans les rangs du Parti Communiste, seul parti vraiment révolutionnaire. Et l'élargissement de la base sociale du Parti lui impose la tâche de reviser son programme agraire.

Cette révision, tout en suivant la ligne indiquée par la thèse agraire du IIe Congrès, peut cependant mener à l'abandon de l'idée de la nationalisation des grands domaines industrialisés, les ouvriers agricoles que le parcellement de ces domaines priverait de leur instrument de travail formant le noyau principal de l'armée révolutionnaire des campagnes.

Les conquêtes de la bourgeoisie polonaise avaient fait de la Pologne un Etat peuplé de nationalités diverses. Ce fait oblige le Parti Communiste à lutter contre toute oppression nationale et sociale des peuples subjugués et à porter la propagande communiste parmi leurs masses ouvrières. Le Parti Communiste de la Galicie orientale décida, en avril 1921, d'adhérer au Parti Communiste polonais, et c'est ainsi que les ouvriers ukrainiens, polonais et juifs de la Galicie orientale entrèrent dans les rangs de celui-ci. Par contre, le Parti n'a pas encore réussi à prendre pied parmi les ouvriers allemands de la Posnanie et de la Prusse occidentale, mais il considère ceci comme une tâche urgente. Il est vrai que les ouvriers allemands, très nombreux, de Lodz et des environs comptent parmi ses militants les meilleurs et les plus fidèles, bien que le Parti ne soit pas encore en état de satisfaire à tous leurs besoins intellectuels dans leur langue maternelle.

Dans la Russie Blanche, pays dévasté par la guerre, le Parti s'efforce de réunir de nouveau tous les éléments communistes et d'organiser les paysans pauvres blanc-ruthènes.

Partout surgissent devant le Parti des problèmes nouveaux qui dépassent presque les possibilités de son organisation illégale. C'est pour cette raison que la lutte pour la liberté du mouvement ouvrier se place au premier plan des efforts du Parti.

La voie à suivre est claire. La Pologne ne peut sortir de la vase dans laquelle elle s'enlise qu'en devenant soit une colonie du capitalisme de l'Entente, soit une République des Soviets prolétarienne. Le Parti Communiste représente seul en Pologne la révolution et par là même il représente seul les intérêts des masses profondes pour qui la solution bourgeoise du problème signifie la misère et l'esclavage.

C'est autour du drapeau communiste que se réunit déjà la majorité du prolétariat de la Pologne du Congrès et il rallie de plus en plus les ouvriers de la Galicie et de la Posnanie. Les éléments révolutionnaires des paysans pauvres commencent à leur tour à se grouper autour des bannières communistes. C'est vers le Parti Communiste que se tournent, pleins d'espoir, les regards des idéalistes déçus parmi les intellectuels et les meilleurs éléments de la jeunesse.

Rien n'a pu le vaincre et c'est lui qui vaincra.

VIII

LE PARTI COMMUNISTE POLONAIS ET L'INTERNATIONALE

Depuis sa fondation, le 16 décembre 1918, le Parti Communiste Ouvrier de Pologne se considère comme une section de l'Internationale Communiste, dont l'organisation, à cette époque, n'était pas encore achevée. Une des trois parties de la plate-forme politique, adoptée au congrès constitutif par le Parti, était consacrée à la question de l'Internationale (1). Dans un manifeste lancé par le Congrès et intitulé : « Salut à l'Internationale », le Parti avait énuméré et caractérisé les différents partis, fractions et groupes qui, dans tous les pays, étaient appelés à se joindre à l'Internationale Communiste, et qu'il conviait à le faire.

Le Parti prit part aux conversations privées qui, à cette époque, avaient lieu à Berlin en vue de créer l'Internationale Communiste.

Cependant, lorsque, quelques mois après, au début du mois de mars 1919, se réunit le congrès constitutif de l'Internationale Communiste à Moscou, le Parti, séparé de la Russie par un front de guerre, ne put y envoyer aucun représentant direct et fut obligé de se contenter de s'y faire représenter par quelques vieux camarades polonais qui travaillaient en Russie. Dès que la nouvelle de la fondation de l'Internationale Communiste fut parvenue à Varsovie, le Comité Central du

(1) Voir plus haut, p. 19-20.

Parti proclama l'adhésion du Parti en se référant à l'indication précise donnée par le congrès constitutif.

Cette adhésion n'était pas seulement la conséquence d'une communauté de principes, elle était aussi l'expression tangible du fait que le sort de la révolution en Pologne dépendait plus qu'ailleurs de la marche des événements révolutionnaires dans d'autres pays. En premier lieu, il dépendait de la marche des événements en Russie et en Allemagne, et ensuite, la Pologne devenant de plus en plus une colonie militaire de l'Entente, du développement du mouvement ouvrier révolutionnaire dans les pays de l'Entente. Les nécessités du travail pratique poussaient le Parti à entrer en contact très étroit avec les partis communistes des autres pays. La politique des ennemis déterminait sous ce rapport celle du Parti Communiste lui-même; eux, ils menaient la guerre contre la Russie des Soviets, le Parti Communiste, lui, était l'allié du prolétariat russe; eux, ils se disputaient avec les nationalistes tchèques au sujet de Teschen (Cieszyn), les communistes, par contre, étaient d'accord avec leurs frères tchèques; dans leur lutte contre les excitations nationalistes en Haute-Silésie, ils soulignaient la nécessité d'une collaboration étroite avec leurs camarades d'Allemagne. Telle était aussi leur attitude dans la question lithuanienne (la lutte pour Wilna) et ukrainienne (le problème de Lwow). L'influence croissante des troupes auxiliaires françaises en Pologne les obligea à faire leur propre propagande parmi les soldats français, ce qui fit grandir encore leur intérêt pour le développement du communisme en France.

L'établissement de la dictature des Conseils en Hongrie, en mars 1919, éveilla un écho puissant dans le prolétariat polonais, sema l'inquiétude dans les rangs de ses ennemis et arrêta pour quelques mois le développement de la terreur blanche qui avait commencé à sévir en Pologne. Lorsque, en juillet 1919, la C. G. T. française et le Labour Party anglais eurent pris l'initiative d'une manifestation internationale en faveur de la Russie des Soviets, le Parti Communiste polonais adhéra à cette action et la mena, malgré les persécutions violentes auxquelles il était déjà en butte, et bien que la trahison des initiateurs fut déjà connue.

A la suite de la guerre, la Pologne fut, pendant des années, coupée presque complètement du monde entier. Les ennemis des communistes, aussi bien la bourgeoisie que les social-patriotes, entretenaient librement des relations avec leurs amis et alliés dans tous les pays. Les social-patriotes faisaient des voyages fréquents à l'étranger à titre de délégués directs du gouvernement (les députés socialistes : Liebermann en Angleterre et en France, Czapinski et Niedzialtowski dans les pays baltiques, etc.). Ils recevaient les visites de Renaudel et d'Albert Thomas, des socialistes-révolutionnaires russes et des menchevistes géorgiens. Quant aux communistes, ils ne pouvaient entretenir de relations avec leurs frères à l'étranger qu'à grand'peine, par des courriers spéciaux dont beaucoup, en passant la littérature communiste en contrebande, furent arrêtés et assassinés. Et cependant, dans aucun pays peut-être l'intérêt pour les événements d'ordre international et pour l'Internationale Communiste n'était plus vif et plus éveillé, dans les larges milieux du Parti, qu'en Pologne.

Le Parti ne put non plus prendre une part directe aux travaux du IIe Congrès International, en juillet 1920. Il confia le mandat de l'y représenter à un vieux camarade, Jules Marchlewski, qui travaillait en Russie et qui salua le congrès au nom du prolétariat polonais si lourdement éprouvé à cette époque. Tout de suite après, le camarade Marchlewski dut se rendre sur le front pour y travailler directement, comme président du Comité Révolutionnaire Provisoire, au profit de la révolution polonaise. Bien que le Parti n'ait eu aucune possibilité, jusqu'au IIIe Congrès de l'I. C., de prendre une part directe à l'élaboration des principes, de la tactique et de l'organisation de l'Internationale Communiste, on peut dire, sans craindre un démenti, que les questions et les problèmes posés à l'ordre du jour du Parti Communiste Polonais, dans ces dernières années, ont été à peu près les mêmes qu'ailleurs et, ce qui est plus important encore, que les solutions trouvées par le Parti, abandonné à lui-même, ont été dans leurs grandes lignes en accord complet avec celles que l'Internationale Communiste, riche de l'expérience de tous les pays, a préconisées. Cependant il n'est point douteux que le contact constant et étroit entre le Parti Polonais et toute l'Internationale Communiste, ainsi qu'avec son Comité Exécutif, lui facilitera souvent l'élaboration de sa tactique, lui permettra utilement de remplacer les tâtonnements et les essais, « l'intuition obscure », par une vision claire des problèmes à poser.

Dans la question syndicale, dans la question des relations entre le travail légal et illégal, dans celle de l'attitude à prendre envers les tendances centristes (les 21 conditions), dans la question des revendications et des actions partielles, le Parti Communiste Polonais a su trouver tout seul la voie qu'a suivie depuis l'Internationale Communiste tout entière.

En ce qui concerne le parlementarisme, le Parti, lors des élections à l'Assemblée Constituante, en janvier-février 1919, se plaça sur le terrain du *boycottage*. En cette occurrence, la majorité de la direction du Parti a moins obéi à des considérations de principe qu'à des motifs de tactique. En même temps, la question fut posée dans le Parti de savoir comment le Parti se comporterait à l'égard des futures élections. Dans une conférence générale du Parti, qui se réunit en mai 1920, le problème fut repris et l'on décida d'ouvrir là-dessus une large discussion dans le Parti. Cependant étaient publiées les résolutions du IIe Congrès mondial sur le parlementarisme révolutionnaire, qui donnèrent une impulsion nouvelle à la discussion. Le Parti décida, dans sa conférence de février 1921, à une majorité des deux tiers, de prendre part aux futures élections. La tactique qui préconisait l'utilisation de la campagne électorale et de la tribune parlementaire fut adoptée contre deux groupes qui préconisaient l'abstention, soit en vertu de principes purs, soit pour des motifs de tactique.

C'est en juin-juillet 1921 que, pour la première fois depuis sa fondation, le Parti Communiste Ouvrier de Pologne participa directement aux assises internationales en envoyant, au IIIe Congrès de l'Internationale Communiste et au Ier Congrès de l'Internationale Syndicale Rouge, une délégation assez nombreuse composée de membres du Comité Central, ainsi que de représentants des fédérations les plus importantes et de militants prenant part aux travaux particuliers du Parti.

Au IIIe Congrès, le Parti Communiste Polonais se rangea, avec les délégations allemande, allemande-tchèque, italienne et certaines autres, à « l'aile gauche » qui s'opposait aux exagérations dont les camarades russes avaient d'abord fait preuve dans leur critique des fautes commises et qui soulignait le danger, non conjuré encore, de la droite. Au Congrès de l'Internationale Syndicale Rouge, les délégués polonais, forts de l'expérience acquise par leur propre Parti dans le travail syndical, formèrent un front commun avec la tendance communiste des autres pays pour combattre le syndicalisme et l'unionisme et pour préconiser la tactique de la conquête des syndicats en vue de la lutte pour la dictature du prolétariat.

Si donc le Parti Communiste Polonais, en participant aux deux congrès mondiaux, a eu l'occasion d'influer sur leurs résultats, il n'en est pas moins sûr que cette première prise de contact produira une grande influence sur lui-même.

Le Parti se trouve actuellement (automne de 1921) en Pologne devant des problèmes nouveaux et graves. Les conjonctures de la lutte se sont améliorées considérablement depuis le début de 1921. Les masses ouvrières reprennent de plus en plus le combat politique et économique qui avait faibli à la suite de la guerre et des persécutions et surtout à cause de l'ivresse nationaliste. Une vague de grève chasse l'autre; le mouvement, dans sa forme et dans son essence même, prend de plus en plus un caractère politique révolutionnaire. Le domaine du travail s'élargit. L'influence du Parti Communiste dans les larges masses fait des progrès évidents; le Parti pénètre de plus en plus profondément dans les couches de la population travailleuse. Les paysans pauvres, les couches urbaines moyennes ont abandonné leur attitude résolument hostile envers les mots d'ordre révolutionnaires et l'on peut espérer qu'ils seront bientôt au moins neutralisés. Dans le P. P. S., le processus de décomposition continue et le Parti Communiste ne peut qu'y gagner.

Toute une série de problèmes intéressants se pose devant le Parti. Ils exigent tous l'élaboration d'une tactique claire et tenant compte des circonstances données.

Un des côtés faibles de la vie du Parti fut l'étude insuffisamment approfondie des problèmes de tactique à l'intérieur même du Parti, l'élaboration parfois hâtive et pas assez claire de méthodes d'action et de lutte en rapport avec la situation politique et économique du moment. Ces défauts se laissent expliquer, sinon justifier, d'un côté par les conditions infiniment dures de la vie illégale : manque d'une presse périodique, impossibilité de convoquer des réunions publiques et d'organiser des conférences, arrestations incessantes, et d'autre part : par l'isolement matériel du Parti par rapport à l'ensemble de l'Internationale Communiste.

On peut espérer que les choses iront mieux dans l'avenir. Le IIIe Congrès mondial constitue à cet égard un point de départ nouveau pour le développement du Parti Communiste Polonais. Le Parti qui, dans les années les plus dures de son action, étant abandonné à lui-même, a pu souvent trouver, malgré tout, la voie juste et faire de la bonne besogne, saura prouver désormais que, étant mieux armé, il est à la hauteur des tâches qui l'attendent.

Moscou, après le IIIe Congrès de l'Internationale Communiste (août-sept. 1921).

APPENDICE (1)

La IIIe Conférence du Parti communiste polonais

La IIIe Conférence du Parti Communiste Ouvrier de Pologne eut lieu au printemps de 1922.

Suivant les termes mêmes du compte rendu de la Conférence, elle avait pour but de rendre claires au Parti lui-même ses tâches, de préciser son idéologie, d'envisager sérieusement la situation, d'élaborer une tactique « nette et hardie ».

La Conférence a eu encore à mettre un terme à quelques frottements et discussions provoqués par une compréhension insuffisante de certains problèmes d'ordre tactique et politique, qui avaient pû surprendre une partie de militants.

Parmi ces problèmes, c'est surtout la tactique du front unique et la question agraire qui ont été le sujet des débats les plus passionnés et les plus approfondis.

Nous ne nous arrêterons pas à la thèse que la Conférence a votée au sujet de la situation internationale. Elle n'a fait que confirmer les idées et les opinions qui sont communes à l'Internationale tout entière.

Par contre, il est nécessaire de citer *in extenso* la

(1) Cet appendice a été rédigé en vue de l'édition française du *Communisme en Pologne*. (N. d. Tr.)

résolution votée au sujet de la situation en Pologne, résolution qui jette une lumière éclatante sur la politique intérieure et extérieure, économique et sociale du pays dont l'Entente, et la France en particulier, cherche à faire une colonie militaire, terre de prédilection de son expansion économique et rempart contre le mouvement révolutionnaire en Europe Centrale et Orientale.

Thèse sur la situation en Pologne

1. A l'encontre des autres pays, la Pologne n'eut pas à subir, à la fin de 1918 et au début de 1919, une crise de démobilisation aiguë. Ne possédant pas d'industrie de guerre, elle ne connut pas le danger dû à la démobilisation de cette industrie en vue de donner du travail aux masses de soldats qui revenaient du front. N'ayant pas d'armée à elle, elle n'eut pas à craindre le danger que comportait la démobilisation des troupes. La diminution de l'autorité des gouvernements impérialistes à la suite de leur défaite militaire ou bien à la suite des promesses faites aux masses pour les encourager à participer aux massacres impérialistes, promesses non réalisées, ne menaçait en rien le régime capitaliste en Pologne, ces gouvernements despotiques ayant été d'origine étrangère.

La crise révolutionnaire en Pologne avait, il y a trois ans, deux sources. D'un côté, à l'Orient, dominaient les Soviets; de l'autre, à l'Occident, en Allemagne, le pouvoir effectif, à la fin de 1918 et au début de 1919, s'était trouvé entre les mains des Conseils d'Ouvriers et de Soldats, la lutte de classe prenant un caractère de plus en plus menaçant. Intercalée entre les deux révolutions ouvrières victorieuses de l'Allemagne et de la Russie, la Pologne capitaliste n'aurait pu exister et aurait été obligée, sous la poussée des masses, de céder la place à une République des Conseils. D'autre part, la Pologne était privée d'une armée *à elle*, de police, d'administration et de tout l'appareil d'Etat bourgeois nécessaire à la défense de la propriété capitaliste.

2. La victoire sanglante des bandes contre-révolutionnaires de Noske, en Allemagne (le massacre de 15.000 ouvriers révolutionnaires et des chefs révolutionnaires, Rosa Luxembourg, Karl Liebknecht, etc.), les luttes intérieures difficiles que la Russie des Soviets devait mener contre les troupes contre-

révolutionnaires des Tchéco-Slovaques, des Polonais, des Koltchak, de Dénikine, etc., soutenus et armés par l'Entente, ont préservé la Pologne bourgeoise du danger de voir pénétrer chez elle les flammes de la révolution, du dehors.

L'ivresse nationaliste qui s'était emparée des larges masses de la petite-bourgeoisie et d'une partie des ouvriers, à la suite de la proclamation subite et inattendue de l'indépendance polonaise, sauva la bourgeoisie de la crise révolutionnaire à l'intérieur. Pendant que d'autres pays traversaient une crise dangereuse de démobilisation, la Pologne commençait à peine à créer sa propre armée qui englobait les chômeurs dans des proportions de plus en plus grandes. *La Pologne bourgeoise, constituée grâce au triomphe de la révolution bolchéviste en Russie et à la débâcle militaire des puissances centrales, devint avant tout nécessaire pour le militarisme français comme instrument devant remplacer la Russie tsariste ou bourgeoise dans la politique de conservation de la « paix » de Versailles et du morcellement de l'Allemagne. Au fur et à mesure que les espoirs de liquider rapidement la révolution prolétarienne en Russie, au moyen d'interventions armées, s'évanouissaient, la poussée du nationalisme polonais tendant à élargir les frontières de l'Etat trouvait un appui de plus en plus grand auprès de la France capitaliste et réactionnaire.* Les partis nationalistes qui, pendant la guerre, tel le parti national-démocrate, abandonnaient à la Russie tsariste les marches de l'Est en échange de celles de l'Ouest (voir le mémoire de Grabski) (1), ou bien qui, tel le P. P. S., non seulement ne rêvaient pas de la Haute-Silésie, mais abandonnaient aux Allemands la Poznanie et même une partie de la Pologne du Congrès en échange de quelques miettes d'indépendance dans la direction de l'Est et qui consentaient à l'établissement d'une monarchie en Pologne sous le sceptre des Habsburg ou des Hohenzollern (voir la brochure de Witold Jodko (2), les articles du *Naprzod* de Cracovie, les déclarations de Daszynski, de Moraczewski, de Kunowski) — ces partis devinrent les porte-drapeaux de la Pologne bourgeoise dans son expansion impérialiste comprise soit dans la forme d'une simple annexion, soit dans celle du « fédéralisme ».

En l'espace de trois ans, à la suite de guerres d'agression et

---

(1) Plus tard ministre dans un des nombreux cabinets qui se suivirent depuis 1919. (N. du Tr.)

(2) Membre du P. P. S. de vieille date, actuellement ministre plénipotentiaire de Pologne à Riga. (N. du Tr.)

avec l'appui du militarisme français, la Pologne est devenue la plus grande puissance capitaliste à l'Orient de l'Europe.

3. Les aspirations impérialistes du nationalisme polonais ont été payées par des sacrifices qui doivent provoquer et provoquent en effet une déception de plus en plus grande des masses à l'égard du nationalisme et un retour vers l'élargissement et l'exaspération des luttes de classe.

La Pologne reçoit la partie la plus riche de la Haute-Silésie, Wilna, la Galicie Orientale en échange du pétrole galicien, des charbonnages, des minerais et des hauts fourneaux haut-silésiens, etc., qu'elle remet entre les mains du capital français et anglais, ainsi qu'en échange d'un traité commercial, politique et militaire avec la France, traité qui pèse lourdement sur les populations polonaises.

Abandonnant, pour une fiction de puissance, ses sources de matières premières et ses industries de première importance aux trusts étrangers, et acceptant en échange de cette fiction un traité militaire, commercial et politique imposé par la France, la Pologne renonce en fait à sa souveraineté économique et politique.

Dans la politique étrangère et, en grande partie, dans les relations intérieures, cela signifie une soumission complète de la Pologne aux ordres du capital et du militarisme français. Le ministre de France à Varsovie, M. de Panafieu, joue le rôle que les ambassadeurs de Catherine de Russie ont joué à la fin du XVIIIe siècle; il se mêle des délibérations du cabinet des ministres et même de celles des chefs des groupes parlementaires, pendant les crises ministérielles, etc. (V. le discours du député socialiste Diamand, qui se plaignait, non sans mélancolie, au Sejm, en été 1921, que quelqu'un empêchât toujours la Pologne de régler elle-même ses affaires.)

4. L'expansion impérialiste, à la manière d'une grande puissance, qui ne correspond en aucune façon ni à la force du capital polonais, ni à l'état de son industrie et de son commerce, ni à la situation financière de l'Etat et qui n'est fondée que sur la force des baïonnettes et sur la « paix » fragile de Versailles, conduit nécessairement à une réaction politique, à l'oppression des masses travailleuses, au fardeau de plus en plus lourd des impôts.

De tous les pays capitalistes, c'est la Pologne qui entretient aujourd'hui, ses guerres terminées et sa démobilisation effectuée, l'armée relativement la plus grande, dépense pour elle relativement le plus d'argent, et est obligée de le faire pour soutenir sa position de grande puissance. La Pologne est forcée de dépenser plus pour la construction de casernes nouvelles que pour celle d'écoles ou bien de maisons d'habitation, plus pour l'importation de munitions que pour celle de moyens de production destinés à sa reconstruction économique. La Pologne établit un service militaire de deux ans, tandis que la France, militariste à outrance, est obligée de le réduire à dix-huit mois (1).

5. Une politique de guerre et d'expansion militariste a entravé pendant trois ans l'œuvre de la reconstruction économique de la Pologne. Elle eût comme résultat ce fait curieux que l'industrie et le commerce polonais ne peuvent pas soutenir la concurrence des pays à change élevé et qu'elle est obligée de se défendre contre eux par un mur de douane, tandis que les autres pays à change avarié sont en mesure d'inonder de leurs produits les pays dont le change est avantageux. Telle est la source d'une crise presque continue dont souffrent l'industrie et le commerce qui ne se raniment que de temps en temps, n'arrivant cependant jamais, même au moment de la plus grande animation, à employer autant d'ouvriers qu'avant la guerre; après ces moments d'animation, le chômage ne devient que plus grand.

Outre le fardeau du chômage, les masses travailleuses ont encore à supporter les conséquences de la politique de guerre et d'expansion par suite de la dévalorisation de la monnaie nationale, dévalorisation qui entraîne la croissance incessante de la cherté de la vie et qui représente un impôt inouï dont le poids entier pèse sur les épaules des masses populaires les plus pauvres, des travailleurs intellectuels, de la petite bourgeoisie, des employés de l'Etat, des municipalités et des établissements privés. Cet état de choses provoque une résistance incessante de la part des ouvriers, les grèves, la révolte des fonctionnaires, ces esclaves de la bourgeoisie, qui ont pour mission d'assurer la marche de l'appareil d'oppression gouvernementale, et que l'Etat ne peut ni nourrir, ni vêtir.

Cependant la politique impérialiste et les essais ultérieurs de reconstruction économique de la Pologne sur une base capitaliste, ne peuvent être limités à l'impression de quantités de plus en plus grandes de monnaie-papier, mais doivent aboutir au prélèvement d'impôts toujours nouveaux et de plus en plus lourds qui retomberont de tout leur poids sur les masses des travailleurs. Les nouveaux impôts provoqueront une nouvelle

---

(1) D'après les révélations de la presse nationaliste elle-même, c'est le traité conclu avec la France qui impose à la Pologne un service militaire de deux ans. (N. du Tr.)

vague de cherté de la vie; les luttes entre les classes, ayant pour but de rejeter le fardeau de la reconstruction capitaliste et de la politique de pillage capitaliste des épaules d'une classe sur celles d'une autre, deviendront fatalement de plus en plus âpres. L'offensive des classes dirigeantes pour imposer aux masses les contributions indirectes, concorde avec celle du capital privé qui oblige les ouvriers à accepter, au nom du « patriotisme », du salut de l'économie bourgeoise et des finances nationales, les pires conditions de travail.

6. En ce qui concerne la situation agraire, la politique du gouvernement et de la Diète a amené, en trois ans, la faillite complète de la réforme agraire bourgeoise. Cette réforme qui promettait de donner la terre d'abord aux paysans petits propriétaires et aux ouvriers agricoles ne disposant d'aucune propriété, constituait dès le début une promesse irréalisable et est devenue actuellement une simple escroquerie visible pour tout le monde. En présence d'une faillite financière de l'Etat, en face de la misère des petits propriétaires et des ouvriers agricoles sans terre, en face de la résistance de « l'union des hobereaux » et des paysans riches, la masse paysanne pauvre est forcée de se rendre compte qu'elle n'arrivera jamais à obtenir la terre au moyen d'un rachat, au moyen de mesures pacifiques, avec l'aide de l'administration et des offices agraires, et que, seule, une confiscation, c'est-à-dire une révolution, pourra arracher la terre des mains des exploiteurs.

7. *Quant au mouvement ouvrier, les trois années dernières ont été marquées par des répressions et des persécutions croissantes qui, depuis l'invasion de l'Ukraine des Soviets par Pilsudski, ont pris le caractère d'une terreur absolue, surtout en ce qui concerne les organisations ouvrières révolutionnaires et les luttes des ouvriers agricoles. Les codes criminels de la Russie tsariste, des monarchies des Habsburg et des Hohenzollern sont appliqués au mouvement ouvrier avec une cruauté et avec un cynisme qu'on n'avait pas connus avant la guerre, sous la domination des gouvernements étrangers eux-mêmes.* L'expansion territoriale, poursuivie avec le mot d'ordre de la Pologne libre et unifiée, apporte en fait sur ses baïonnettes une oppression inouïe aux masses laborieuses et aux populations allogènes. Les ouvriers haut-silésiens ignorent encore ce que signifie la dissolution illégale des syndicats, le passage à tabac des ouvriers agricoles en grève, les coups de crosse donnés à leurs femmes enceintes; ils ne connaissent pas encore les travaux forcés pour le fait seul d'appartenir au Parti Communiste ou à un syndicat révolutionnaire; mais, bientôt, l'union des ouvriers haut-silésiens avec leur patrie bourgeoise les

guérira des suites de la propagande plébiscitaire trompeuse et les révolutionnera d'autant plus vite qu'ils sentiront sur leurs épaules le fouet de la République de Pilsudski (1).

8. Par rapport aux nationalités allogènes qui habitent la Pologne, et surtout par rapport aux populations des Marches de l'Est et de l'Ouest, la politique de l'impérialisme polonais s'exprime par des persécutions nationales et économiques. *Du côté de la Russie Blanche et de l'Ukraine des Soviets, la terre enlevée aux grands propriétaires avait été donnée aux paysans; du côté de la Pologne bourgeoise, les paysans blancs-ruthènes et ukrainiens sont chassés de leurs terres et deviennent la proie de la politique colonisatrice du nationalisme polonais.* De l'autre côté de la frontière, liberté nationale absolue; dans les écoles, dans les tribunaux, dans l'administration, dans l'armée, la langue nationale règne. De ce côté-ci, on poursuit les organisations culturales nationales les plus anodines des Blancs-Ruthènes ou des Ukrainiens, on opprime les écoles nationales, la langue nationale, on ferme les temples orthodoxes, ou bien on les transforme en églises catholiques.

Le caractère réactionnaire de l'impérialisme polonais s'exprime, enfin, avec une évidence particulière, par son attitude envers la population israélite en provoquant, parmi les masses juives, une haine envers le pouvoir polonais telle que celles-ci n'en avaient jamais vouée de si forte au gouvernement tsariste.

Il s'ensuit de tout ce qui précède que la révolution en Pologne aura pour point de départ trois phénomènes principaux :

1. Le sentiment révolutionnaire croissant des masses ouvrières provoqué par l'offensive grandissante du capital et du gouvernement qui cherchent à faire payer par les travailleurs tous les frais de leur politique impérialiste et de la reconstruction capitaliste.

2. Le sentiment révolutionnaire croissant des larges masses des paysans petits propriétaires et des paysans sans terre ayant sa source dans la faillite de la réforme

(1) Les prévisions des auteurs de cette thèse sont en train de se réaliser. Au début de septembre 1922, le sang des ouvriers haut-silésiens, répandu par la soldatesque de Pilsudski, coula dans les rues de Katowice et ailleurs. (N. du Tr.)

agraire et dans l'opposition grandissante entre les classes en lutte pour la possession du sol.

3. La fermentation révolutionnaire grandissante dans les marches de l'Est, due à la politique colonisatrice et exterminatrice du gouvernement polonais et à l'oppression nationale et confessionnelle.

La tactique du front unique

Le problème du front unique provoqua une vive discussion entre les partisans et les adversaires de la tactique préconisée par l'Internationale. Les controverses étaient d'autant plus animées que le Parti Socialiste Polonais est un parti essentiellement gouvernemental. C'est lui qui, « par ordre de Pilsudski, a assumé le pouvoir » au lendemain de la libération du pays, c'est lui qui, lors de « l'invasion » bolcheviste, a participé au gouvernement « de la défense nationale », c'est lui qui, s'appuyant sur le pouvoir de son ancien camarade Pilsudski, chasse les communistes des syndicats et profite directement des mesures policières et de la terreur blanche qui obligent le Parti Communiste à mener une vie extrêmement dure et complètement illégale.

Malgré toutes les rancunes, malgré la haine profonde que les communistes ont vouée aux chefs socialistes, malgré le sang des victimes massacrées sous le gouvernement « socialiste » de Moraczewski, l'intérêt de la classe ouvrière, l'intérêt suprême de la révolution ont prévalu à la Conférence : la résolution sur la tactique du front unique, dont il est inutile de donner ici le texte qui concorde en tous points avec les thèses de l'Internationale, fut votée par l'énorme majorité des délégués.

La question agraire

Le problème agraire donna lieu à des débats approfondis et d'une haute valeur doctrinale. Si l'on prend en considération que, sur 26 millions d'habitants que compte la République Polonaise, 16 millions 1/2 vivent uniquement de l'agriculture, on se rendra facilement compte de l'importance que ce problème, non résolu par une réforme agraire fallacieuse et non appliquée, joue dans la vie du pays. La campagne polonaise est surpeuplée; une énorme majorité de paysans souffre de la « faim de terre ».

Voici comment se répartit la population des campagnes par catégories :

Paysans sans terre : 2.513.000 environ.

Propriétaires de moins de 5 hectares : 8.094.000 environ.

Propriétaires de 5 à 20 hectares : 5.072.000 environ.

Propriétaires de plus de 20 hectares : 541.000 environ.

Grands propriétaires, gérants de domaines, etc. : 310.000 environ.

Ces chiffres seuls montrent à quel point le problème est ardu. Comment faire pour nantir de terres suffisantes cette masse énorme d'ouvriers agricoles et de petits cultivateurs dont les propriétés sont insuffisantes pour les nourrir eux et leurs familles? Faudra-t-il morceler, le lendemain de la révolution, les grands domaines modernes et souvent industrialisés, ou bien en faire des propriétés collectives attribuées aux ouvriers agricoles qui les font valoir aujourd'hui? Le temps forcément limité n'a pas permis à la Conférence de prendre une décision, comme il ne lui a pas permis d'aborder le problème syndical et la question des nationalités. Force lui fut de remettre la suite de l'étude au prochain Congrès national. D'ailleurs, un des camarades qui ont pris la part la plus active aux débats sur la question a été appelé, par l'Exécutif de l'Internationale, à être un des rapporteurs sur le problème agraire au IVe Congrès mondial.

La terreur blanche continue en Pologne. C'est par fournées entières que le gouvernement de Pilsduski emprisonne et condamne les militants communistes. Mais ni la prison ni le bagne « nationaux » ne briseront l'élan du prolétariat ouvrier polonais qui a su résister aux persécutions les plus terribles des gouvernements des tsars russes et des empereurs allemand et autrichien. C'est dans leur conscience de classe comme dans le sang de leurs martyrs que les travailleurs communistes polonais puisent leur énergie farouche et leur force révolutionnaire.

FIN

LA "TYPO-LITHO"
COOPÉRATIVE OUVRIÈRE D'IMPRIMERIE
11, R. DANICOURT, MALAKOFF

www.ingramcontent.com/pod-product-compliance
Ingram Content Group UK Ltd.
Pitfield, Milton Keynes, MK11 3LW, UK
UKHW021545260726
13993UKWH00002B/652

9 782329 206325